VERTIGES DE LA MAIN

Publié avec le concours de la Fédération Wallonie-Bruxelles

www.lettrevolee.com

ISBN 978-2-87317-564-1

Dépôt légal : Bibliothèque royale de Belgique

2e trimestre 2022 – D/2022/5636/5

PIERRE-YVES SOUCY

OLIVIER SCHEFER

Vertiges de la main

LA LETTRE VOLÉE

Fragments de paysages

Sur quelques dessins de Pierre-Yves Soucy

Olivier Schefer

Que fait un poète lorsqu'il dessine ? Vient-il sur le papier disposer d'autres signes, distraire sa parole, éparpiller des traces, griffonner dans les marges, en attendant la suite ? Ou creuser des sillons neufs, mettre en mouvement sa pensée solitaire ?

À parcourir les traits de fusain écrasé de Pierre-Yves Soucy, on songe quelquefois aux dessins mescaliniens d'Henri Michaux ou aux traits noirs de certaines toiles abstraites de Hans Hartung. Chez le premier, la saturation de la feuille traduit un état de vitesse et de crise intérieure, les signes sont des bombes incandescentes jaillies de l'espace du dedans ; chez Hartung, les zébrures et les coups d'éclats qui ponctuent et assaillent la surface relèvent d'une abstraction qu'on a dit lyrique, tourmentée par la guerre, rétive aux froides constructions géométriques des aînés.

Pour Pierre-Yves Soucy, j'en fais l'hypothèse, les traits, les traces, les grilles et les lacis, les empâtements au noir, les entailles du papier, la division de l'espace ou son resserrement, le grain frotté, rien de cela ne quitte tout à fait le monde, quand bien même il s'agit de l'égarer et de s'égarer en chemin. La main du poète et celle du dessinateur diraient-elles la même chose, différemment, chacune reprenant (la main ?), là où l'autre s'interrompt, épuisée, momentanément, par la tâche infinie à laquelle elle se voue : explorer les espaces du dehors ?

Michel Collot note bien que la poésie de Pierre-Yves Soucy est marquée, hantée peut-être, par des paysages d'une enfance québécoise et ses vastes étendues de neige, de lacs, de montagnes ; paysages abstraits, résolument étrangers à eux-mêmes et à l'enfant [1]. De cette confrontation au vertigineux dehors, il demeure chez le poète une dialectique irréconciliable, inconsolable peut-être entre les espaces clos et familiers et les solitudes immenses, inhabitables, que la main poétique et celle du dessinateur continuent de questionner et de franchir.

Traverser, mot qui revient souvent.

L'enfance   traversée par les glacis oubliés d'une dérive
Avec le désir de dire et de taire   jusqu'à la fatigue
de taire l'oubli de chaque jour [2]

Ailleurs :

comme des traces brûlées
sous la traversée des vents [3]

Le désir de dire et de taire n'est-il pas, en son paradoxe, ce qui travaille ces dessins au noir où quelquefois un pan de couleur s'invite ? Ce dont on ne peut parler, il faut le taire, écrivait Ludwig Wittgenstein. Le dessin – réponse faite au poème, *poesis* visuelle – dit quelque chose du monde sans l'imiter. Regardons le poème de Pierre-Yves Soucy, celui que la main écrit et celui qu'elle frotte, qu'elle gratte, dont elle recouvre le papier, laissant transparaître parfois la trace de pièces métalliques tirées d'un atelier. Ne dirait-on pas l'avers et l'envers d'une même traversée des paysages et des sols étrangers ?

creuser jusqu'à la pierre
retirer l'eau des sources
  ouvrir à nouveau le noir
  sous l'averse des couleurs
[...]
  et déchirer
les trames   fils tendus
comme des points de chute [4]

Voici les pages dispersées d'un livre du monde ; déchirées, tramées, arrachées à l'oubli. Non pas ce volume que Stéphane Mallarmé rêvait de construire pour annuler le hasard et le désordre des choses, un « livre architectural et prémédité », comme il s'en explique à Verlaine en 1885.

Les dessins, les frottages de Pierre-Yves Soucy rappellent ici un herbier, là les nervures d'une feuille, ici encore une surface marbrée, peut-être des nœuds vivants, de la foudre, des morceaux de cailloux ; cela ou tout autre chose. Qu'importe à quoi cela ressemble ou ne ressemble pas. La main tâtonne dans des paysages nocturnes, passe entre deux pierres, hésite sous des herbes noires, esquisse un équilibre, tire un fil qui dépasse, toujours recueillant les fragments d'une beauté éparse dans les interstices du monde.

NOTES

1. MICHEL COLLOT, « Le paysage abstrait de Pierre-Yves Soucy », *Cahier Pierre-Yves Soucy, Il Particolare 23,* Marseille, 2010/2011, p. 75-81.
2. PIERRE-YVES SOUCY, *Après la montée du jour,* Bruxelles, Le Cormier, 2007, p. 14.
3. PIERRE-YVES SOUCY, *Traversée des vents,* Bruxelles, Le Cormier, 2004, p. 44.
4. *Ibid.,* p. 48-49.

Traces et dessins

de Pierre-Yves Soucy

Le geste donne naissance à quelque chose qui ouvre des espaces, des formes paraissent qui tiennent lieu d'un commencement absolu dès lors qu'il ne s'agit pas de simplement copier ou recopier quelque chose d'existant. Il dégage, prolonge et approfondit l'empreinte, l'amplifie certainement.

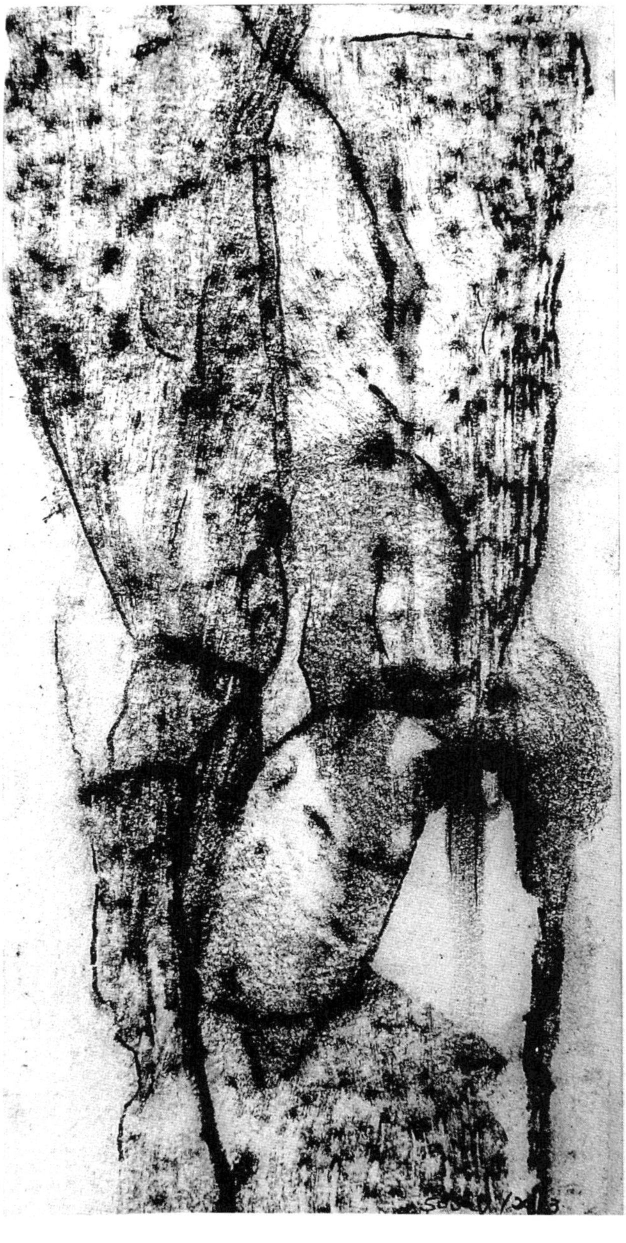

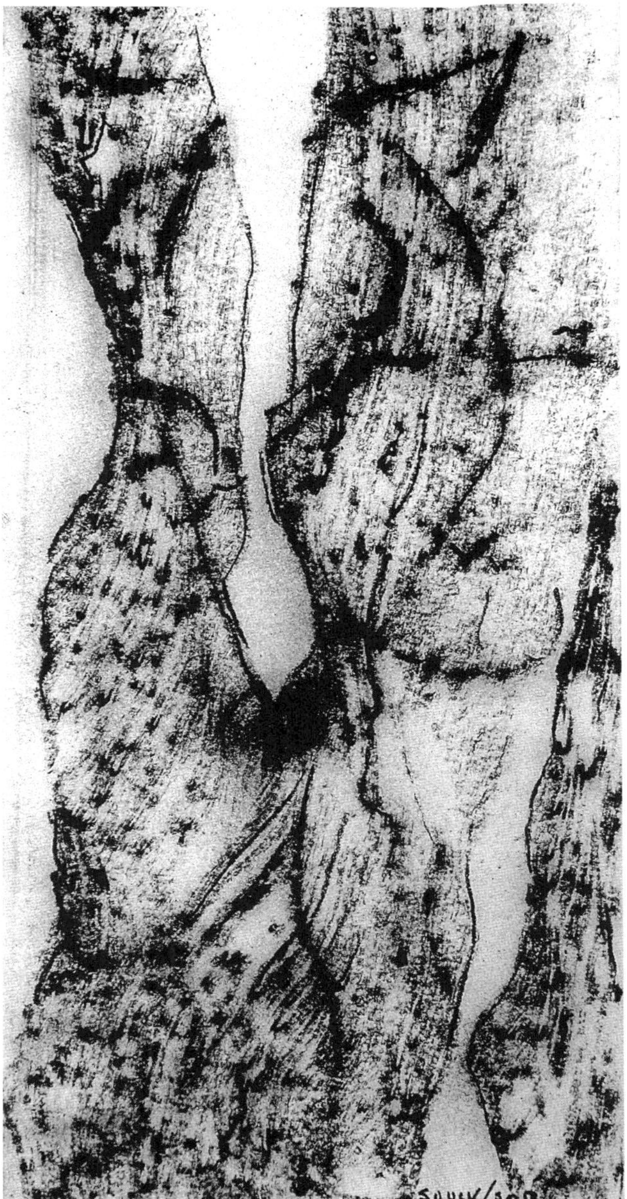

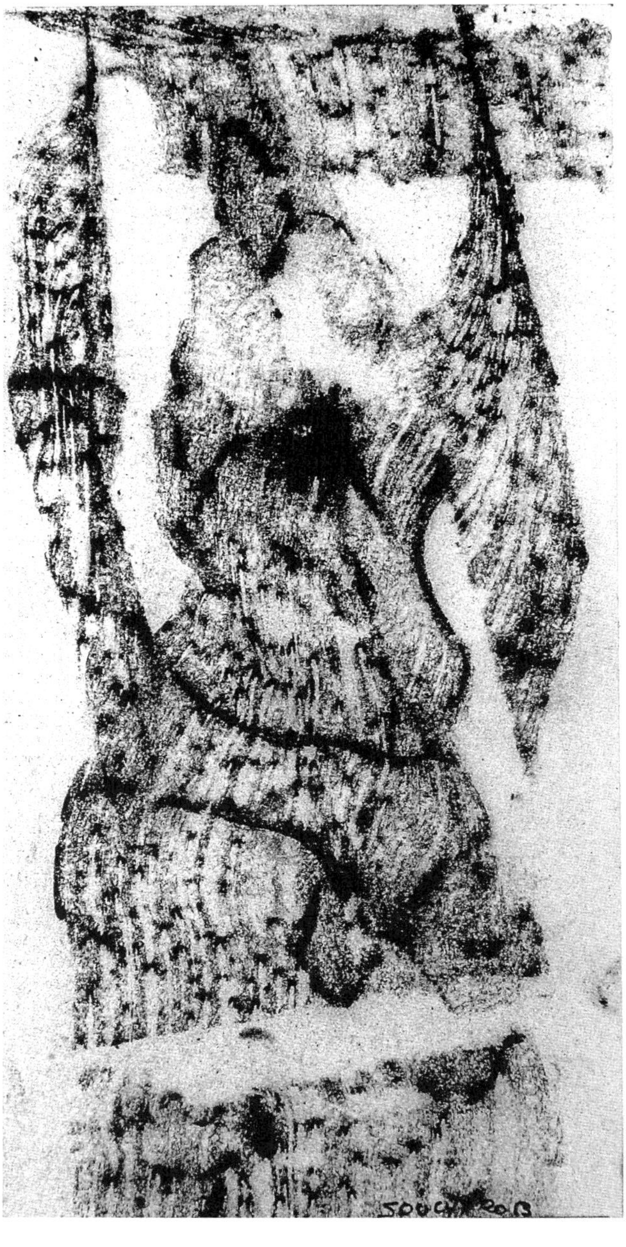

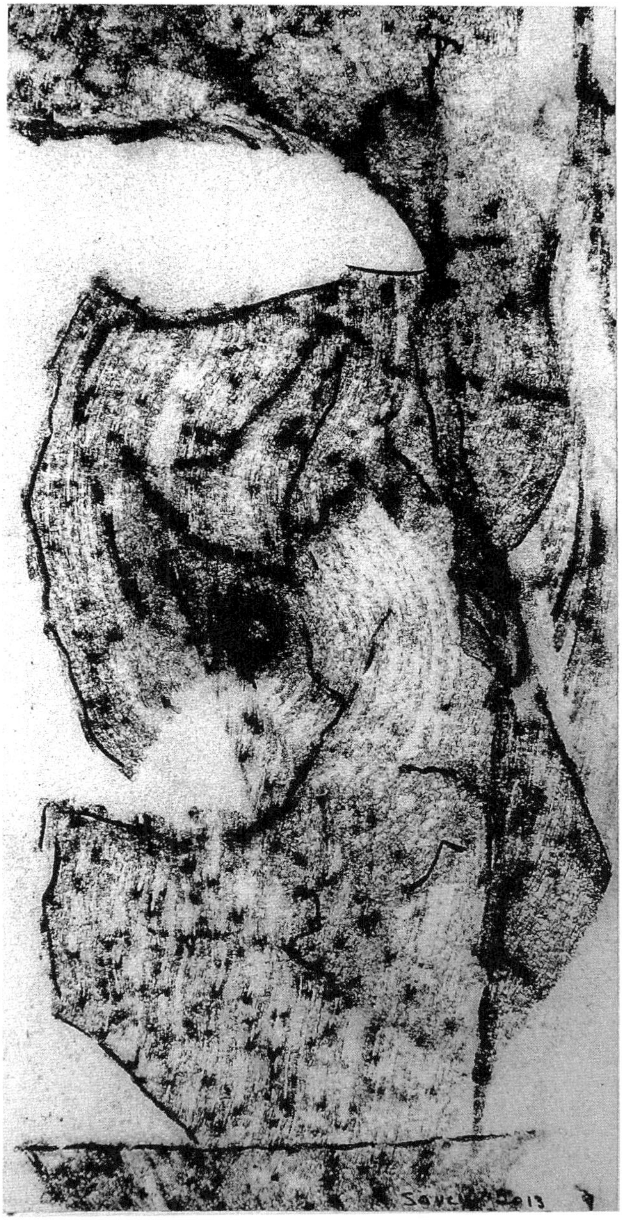

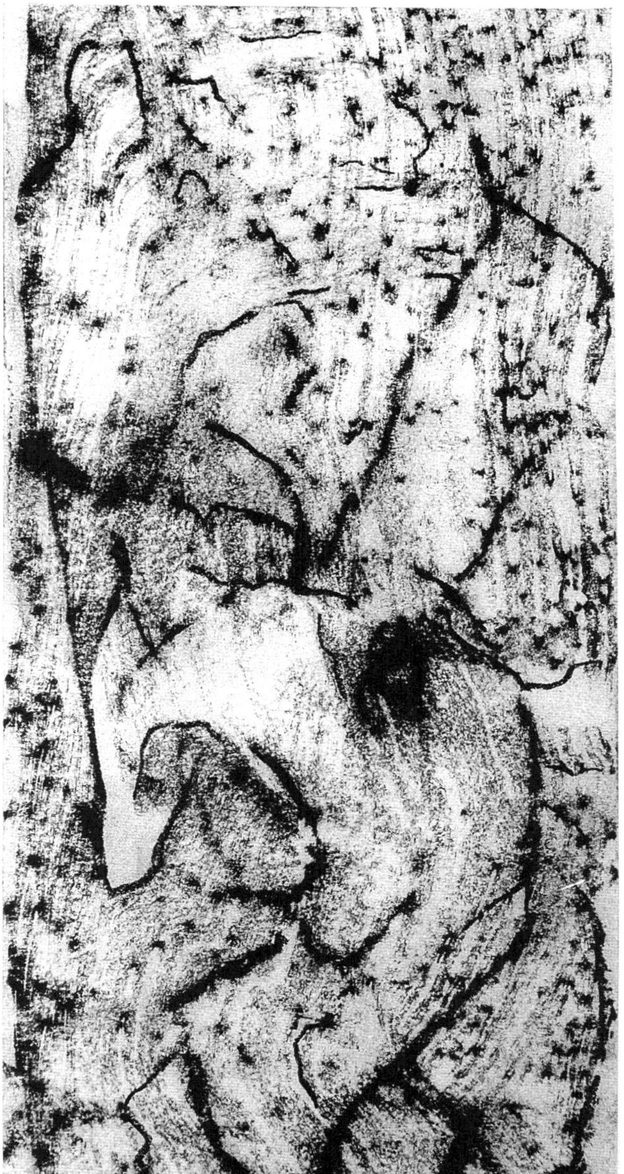

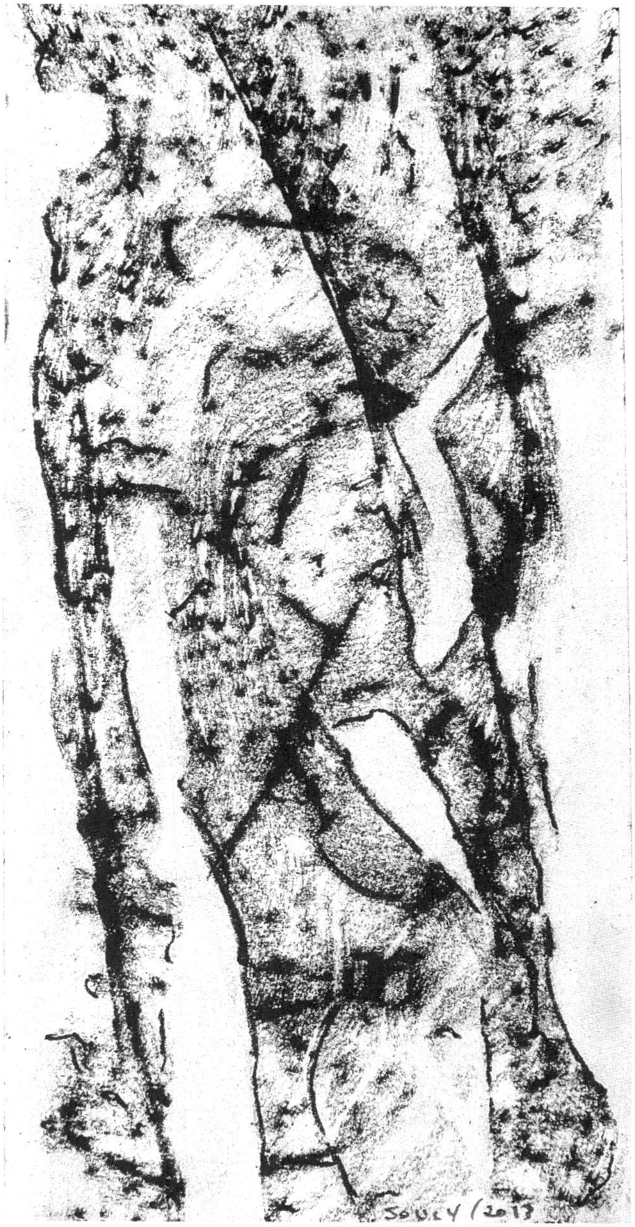

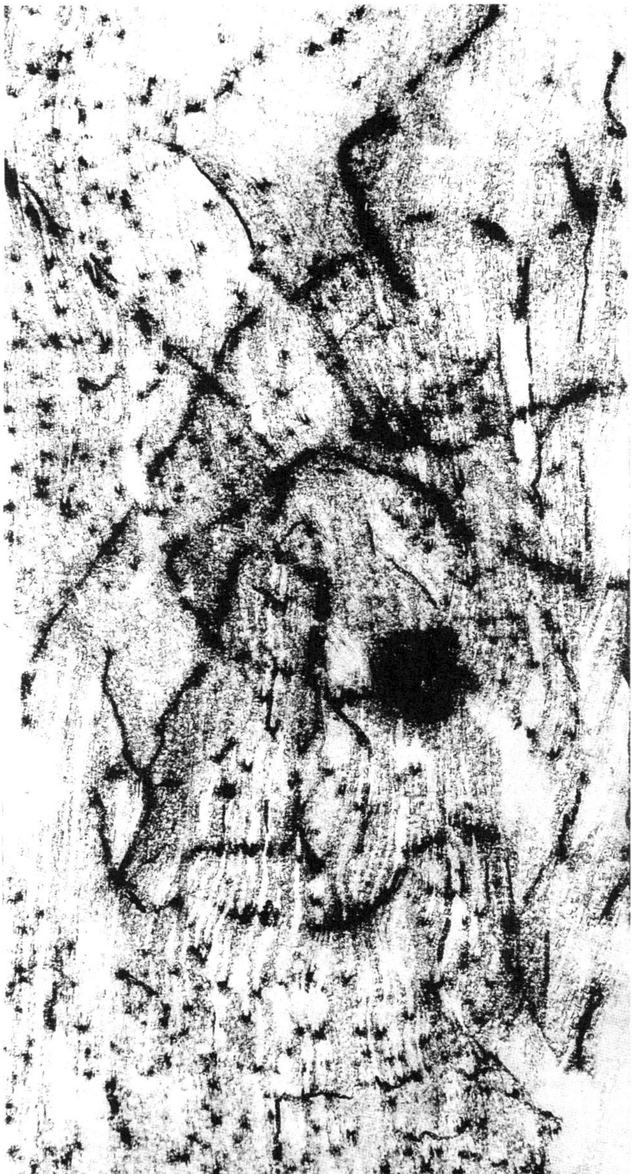

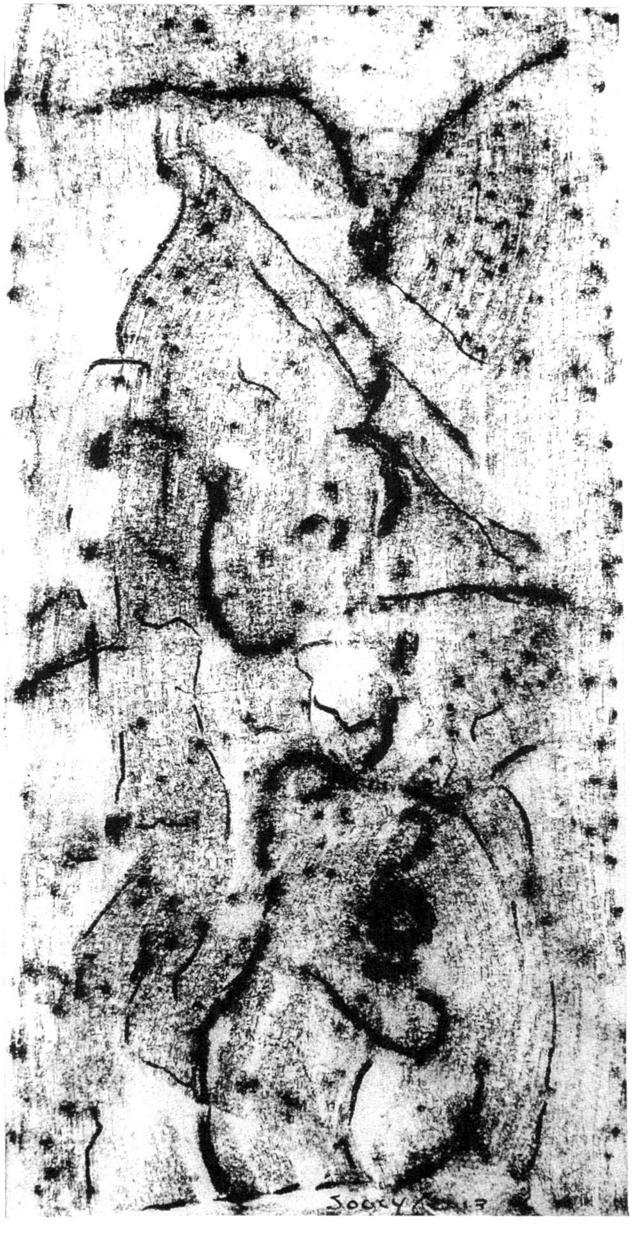

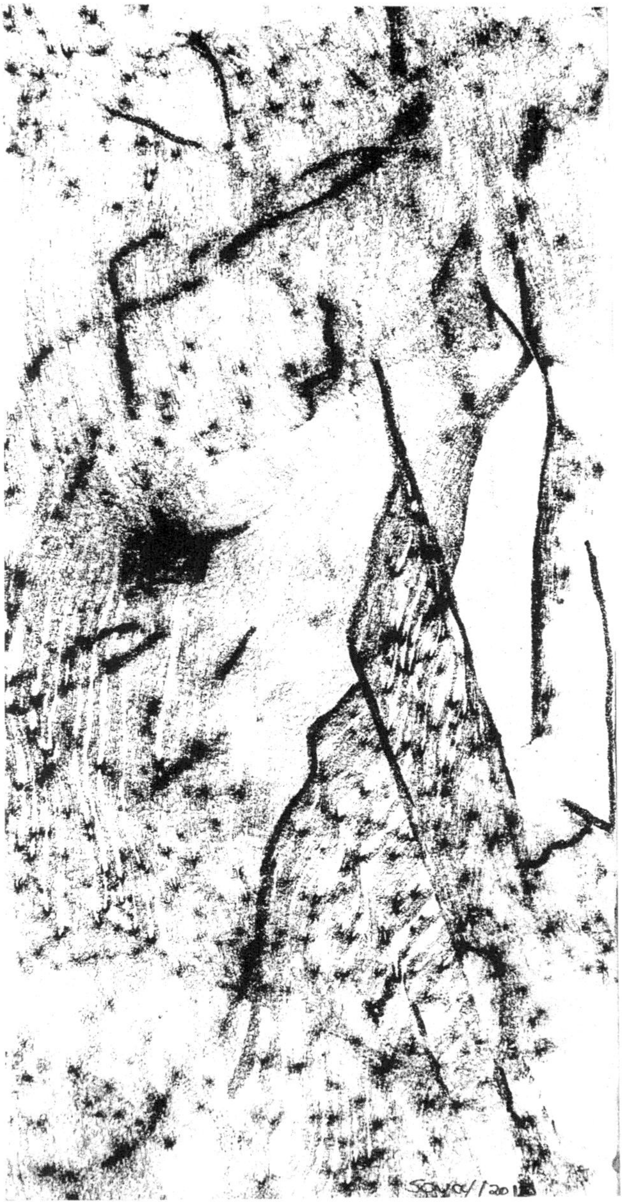

Nous baignons à tout instant dans un magma de formes auxquelles nous voudrions bien donner sens pour les rendre intelligibles. Le monde, les choses, les objets sont ainsi faits qu'ils s'offrent sous l'aspect d'un véritable chaos de par leur constitution et leur relation mêmes.

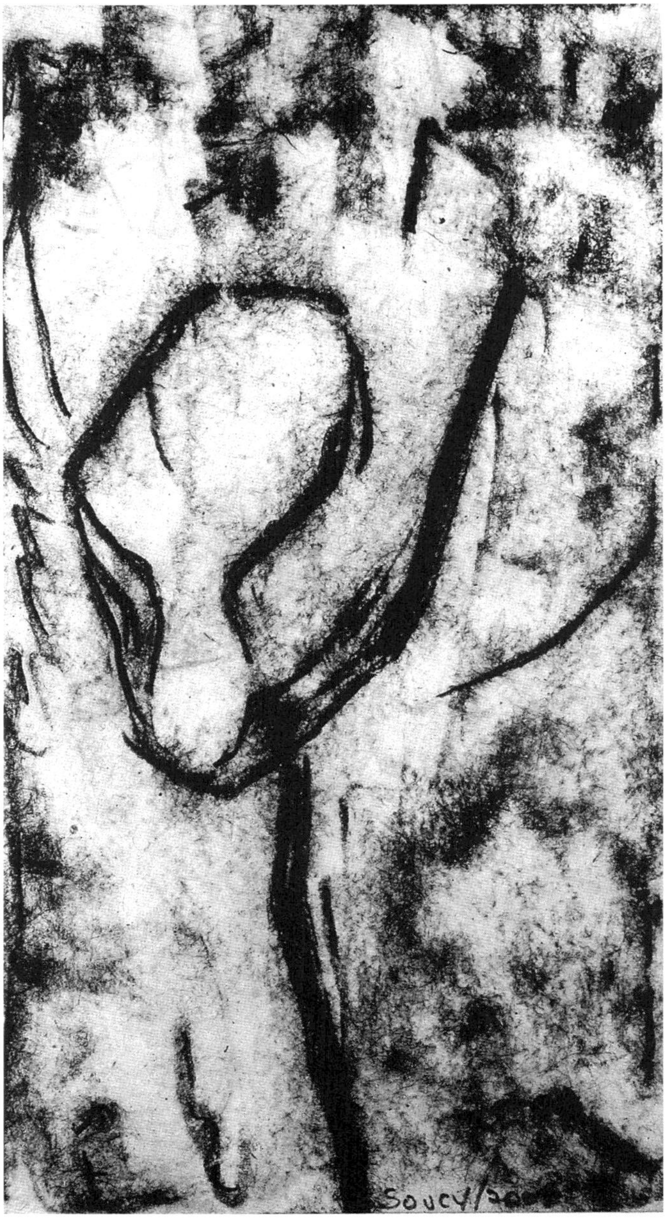
SOUCY

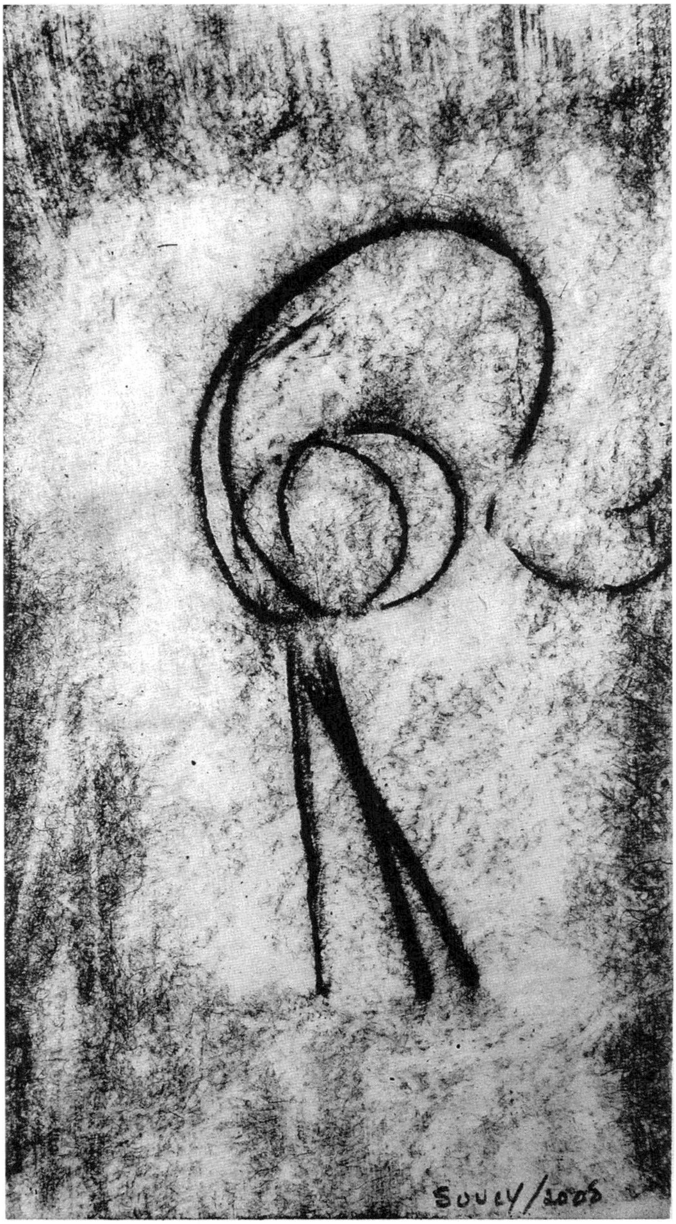
SOULY/2005

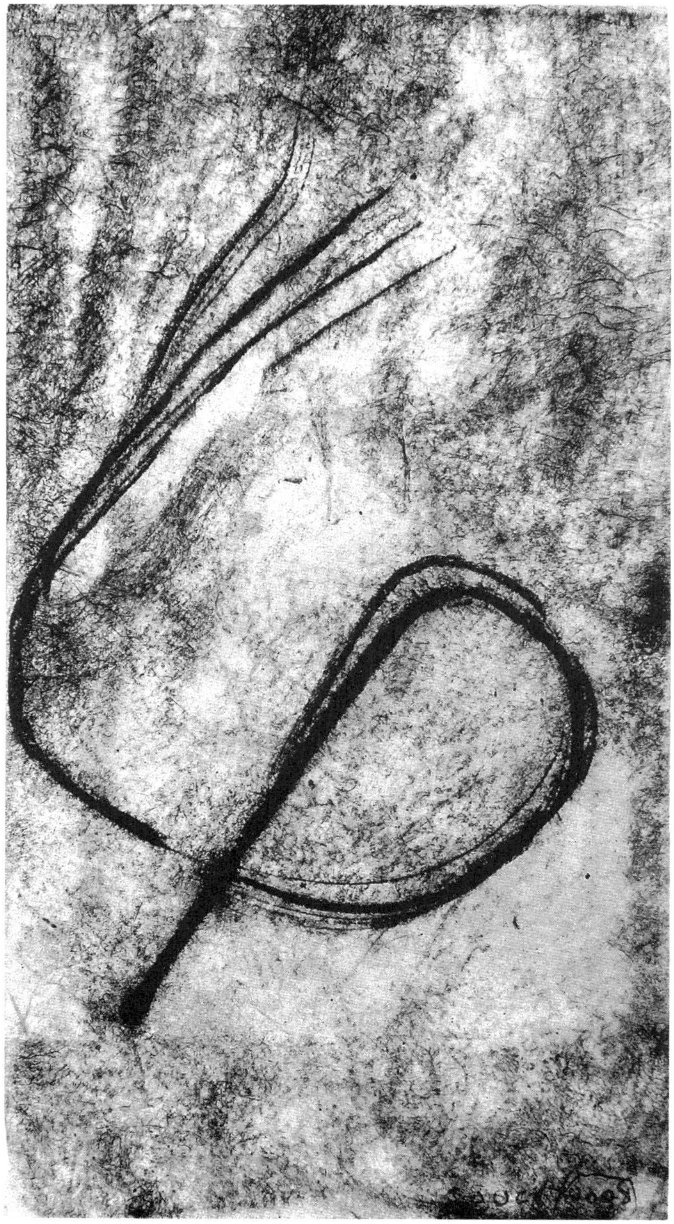

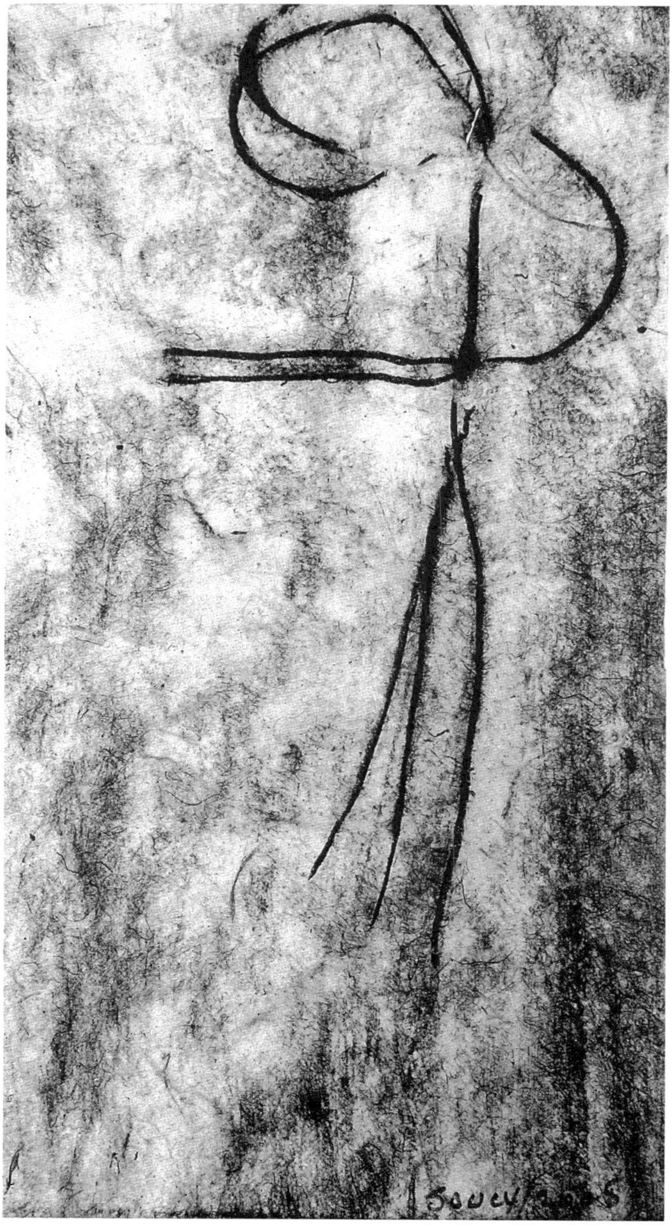

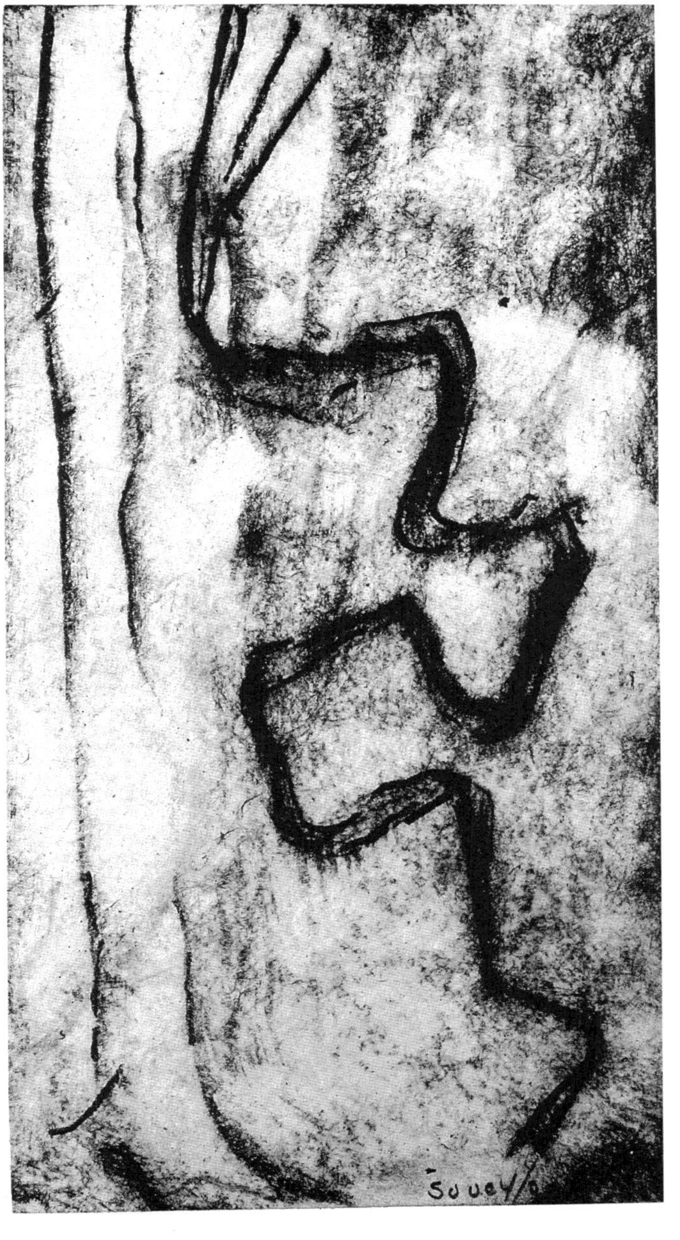
Souey/o

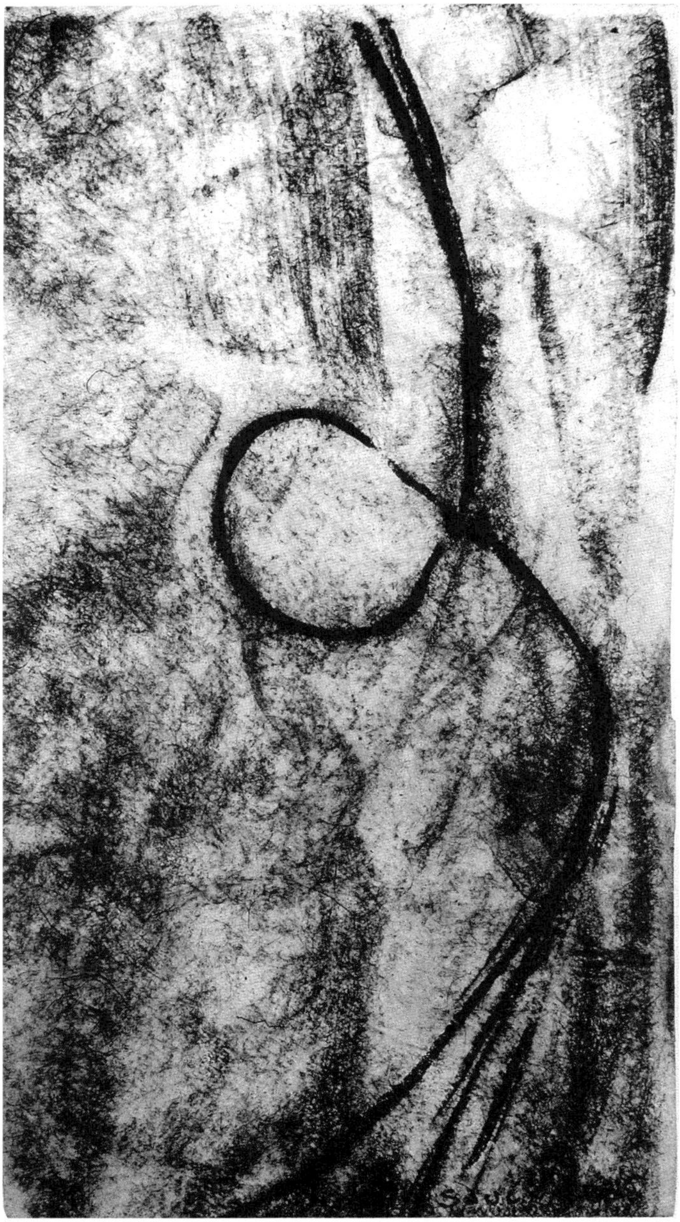

Voir, c'est en quelque sorte situer un moment de repos
par rapport à un ensemble de mouvements ;
et ce moment s'éprouve selon une extrême brièveté.
Cela demande à chaque fois de recommencer à voir :
voir ce qui advient à l'instant, mais tout autant
dans le prolongement de ce qui est advenu en cet instant,
un prolongement qui appelle des gestes successifs.

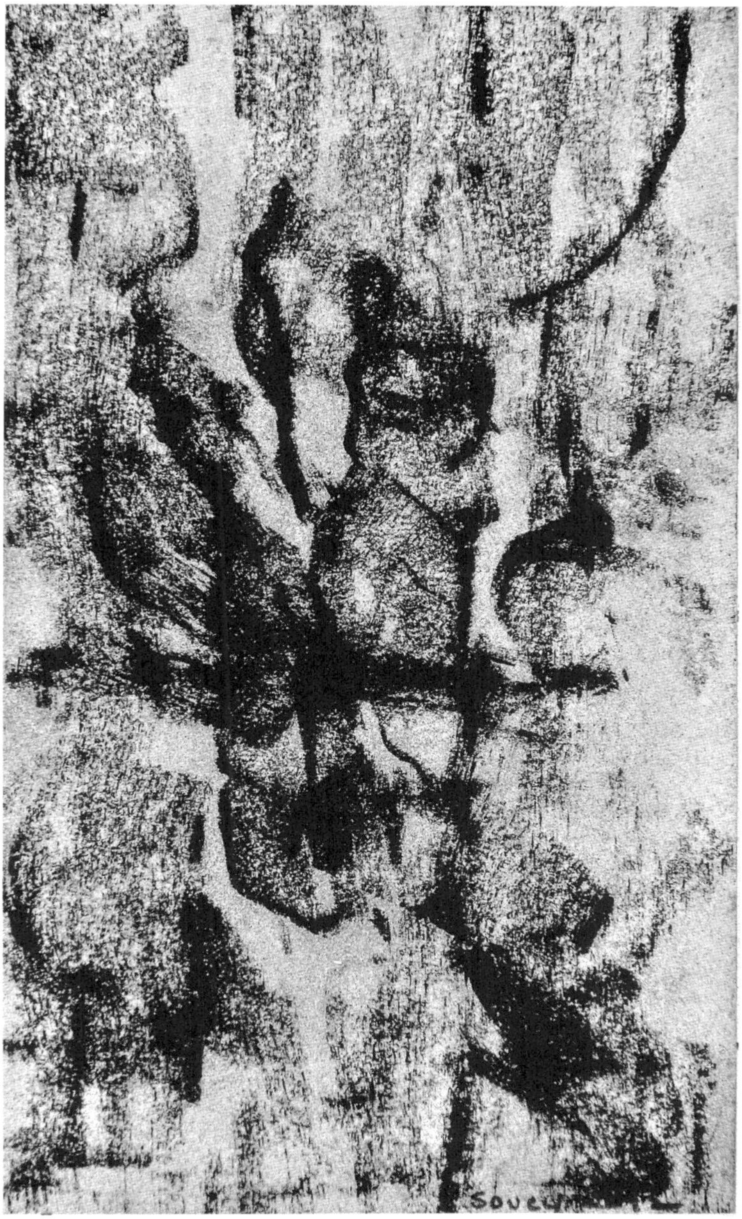

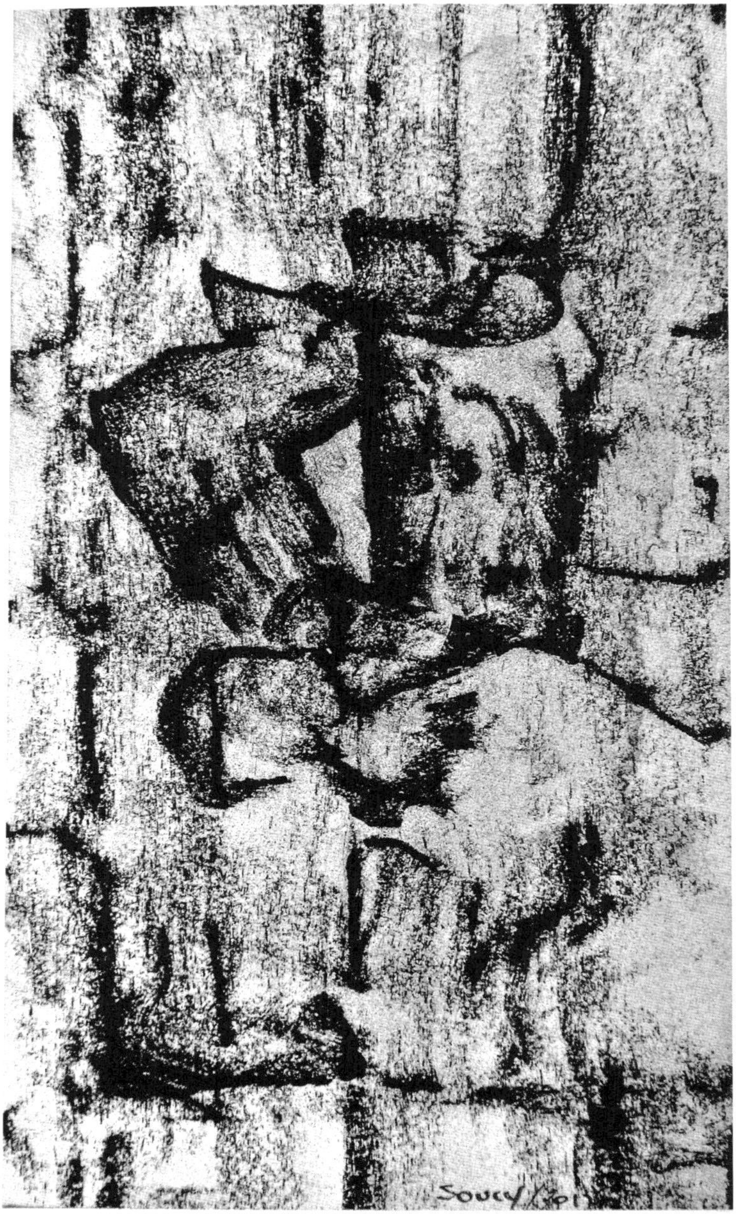
SOUCY

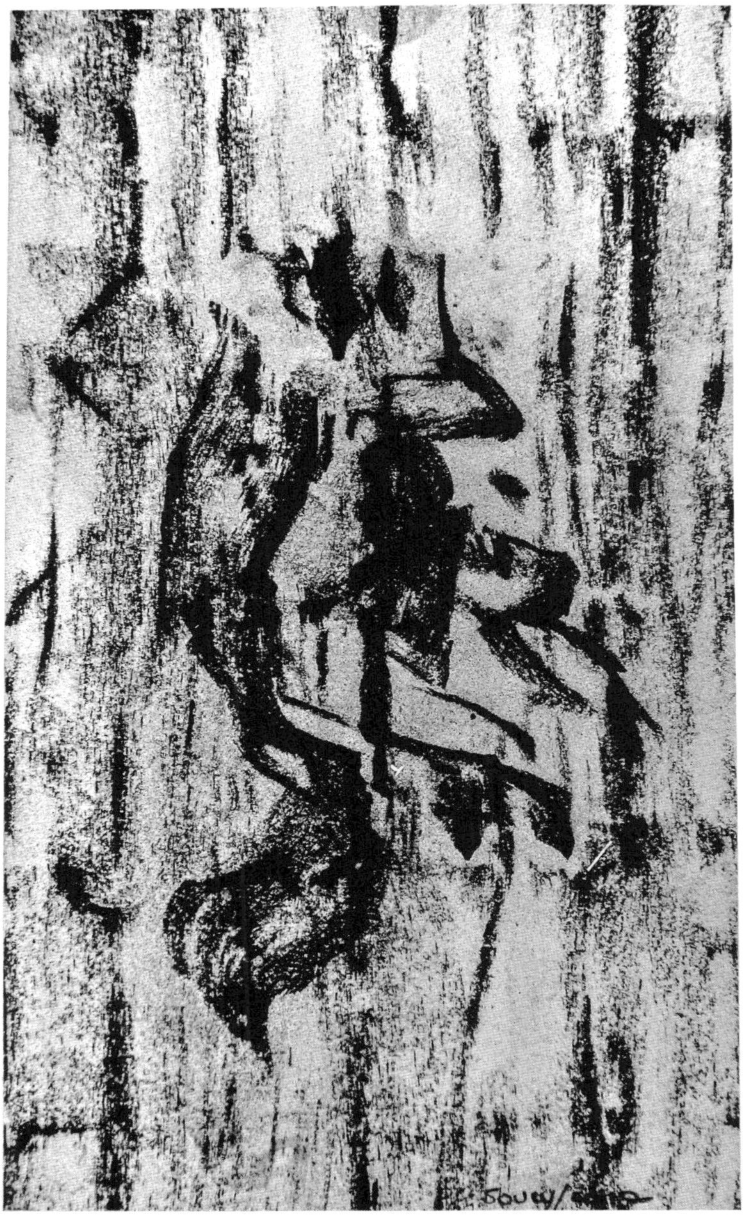

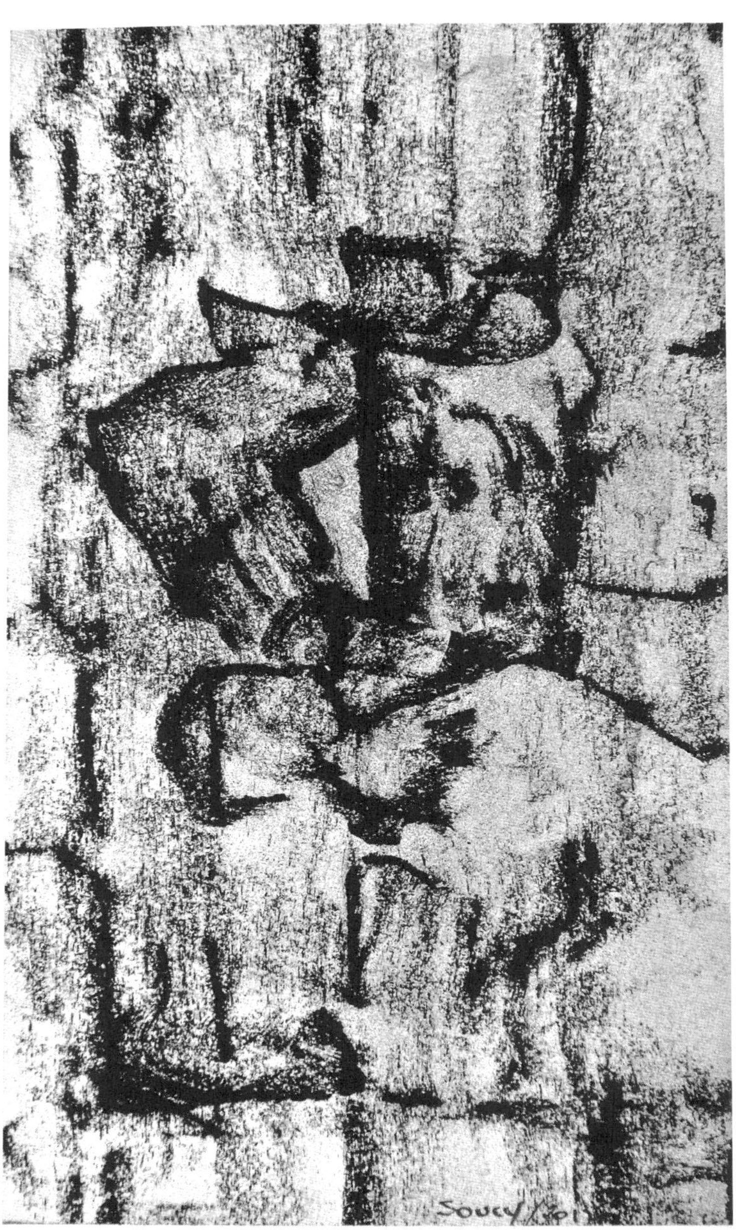
Soucy

Il me semble impossible de soutenir que des formes meurent
sous l'impact de la naissance de nouvelles formes.
Elles n'abolissent pas les formes qui précèdent,
bien au contraire, elles multiplient leurs possibilités.

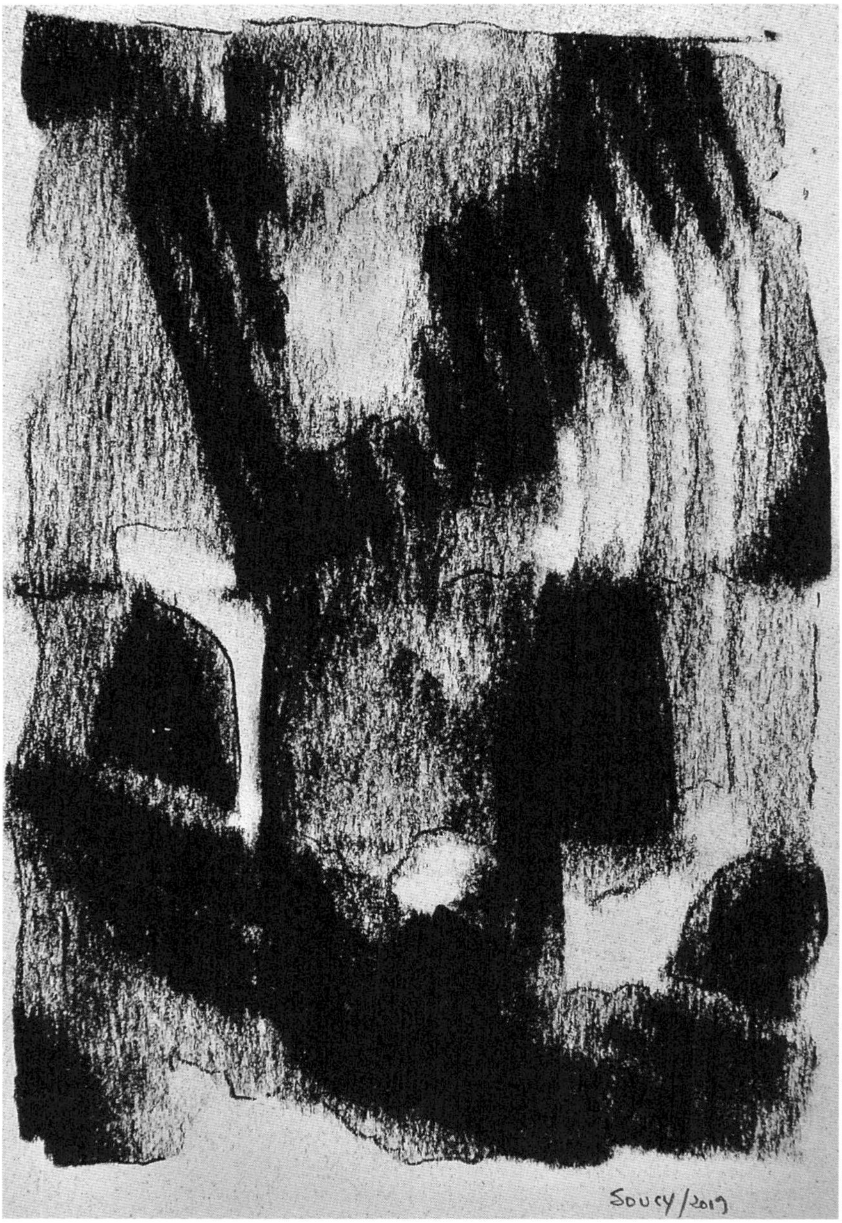
SOUCY/2019

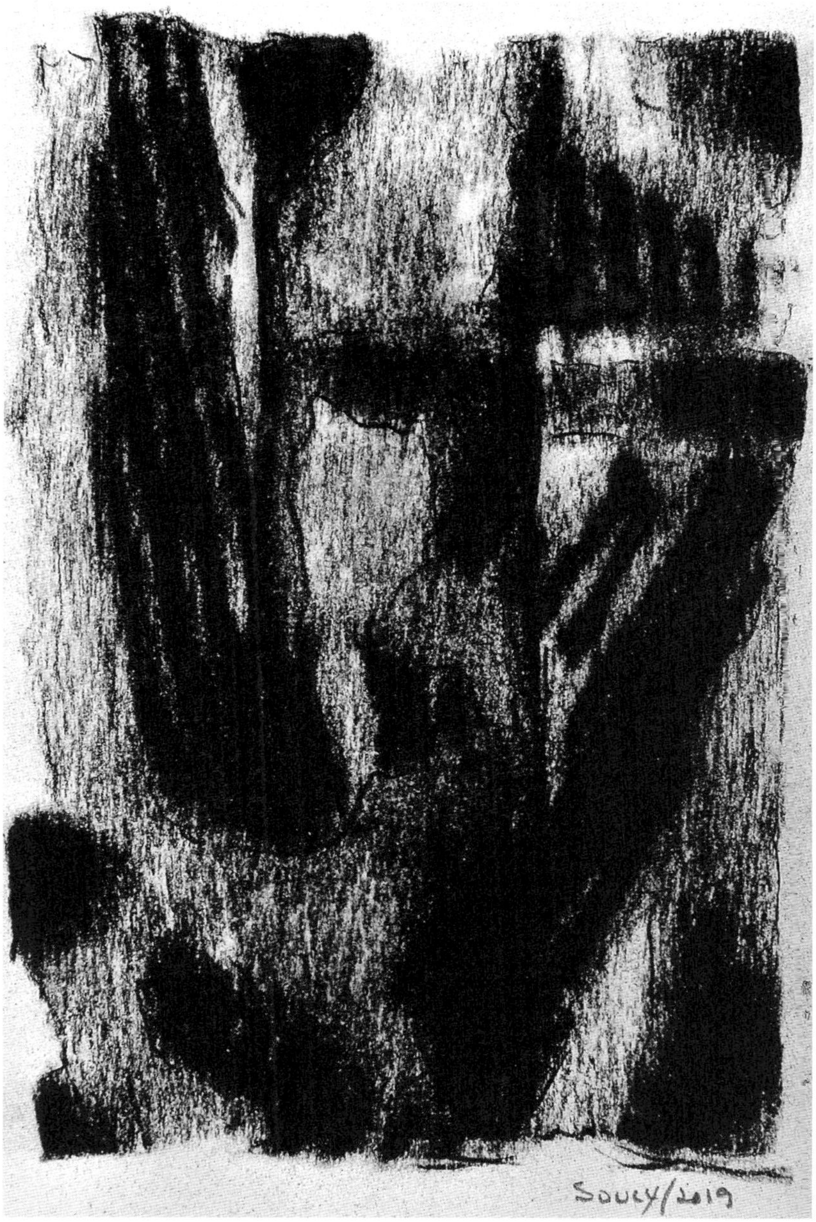
SOUCY/2019

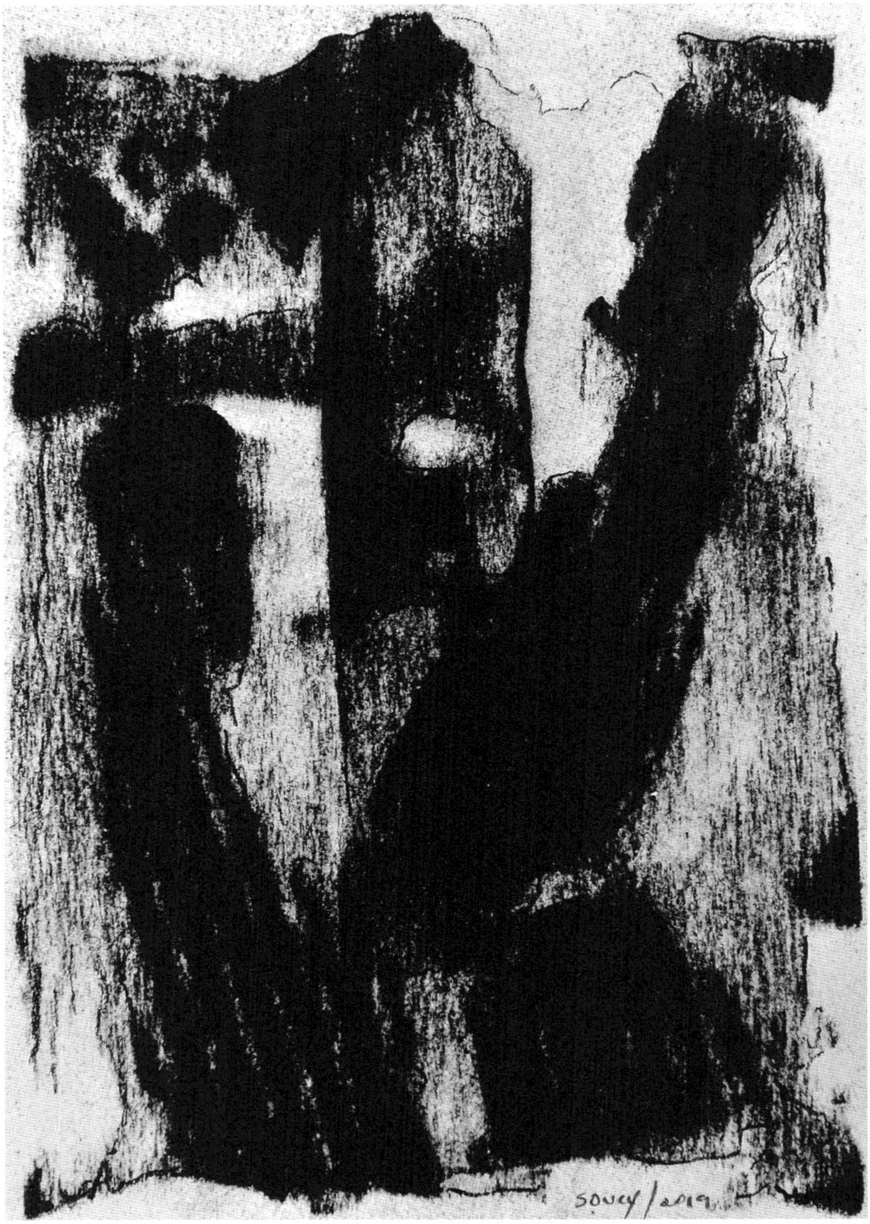
Soucy / 2019

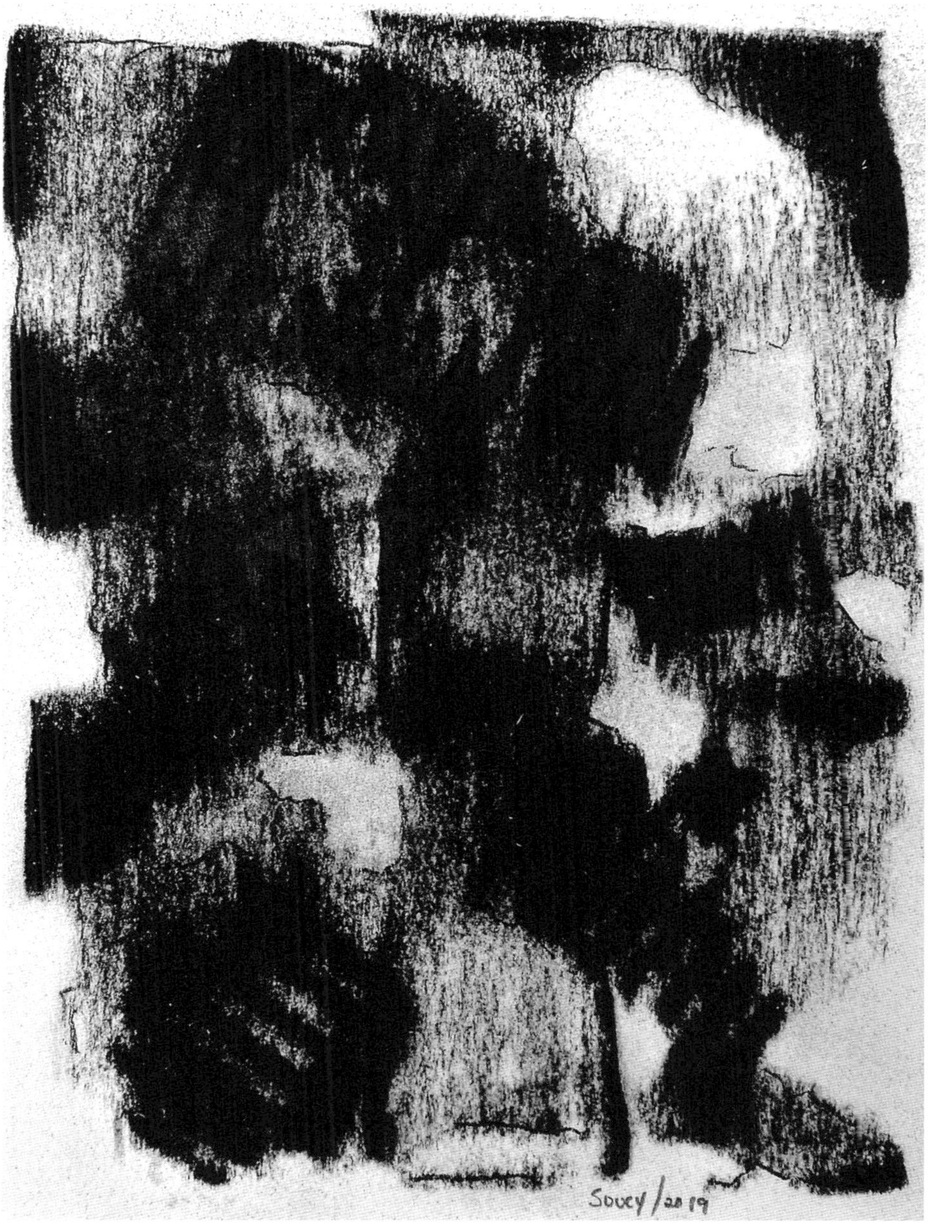
Souey /2019

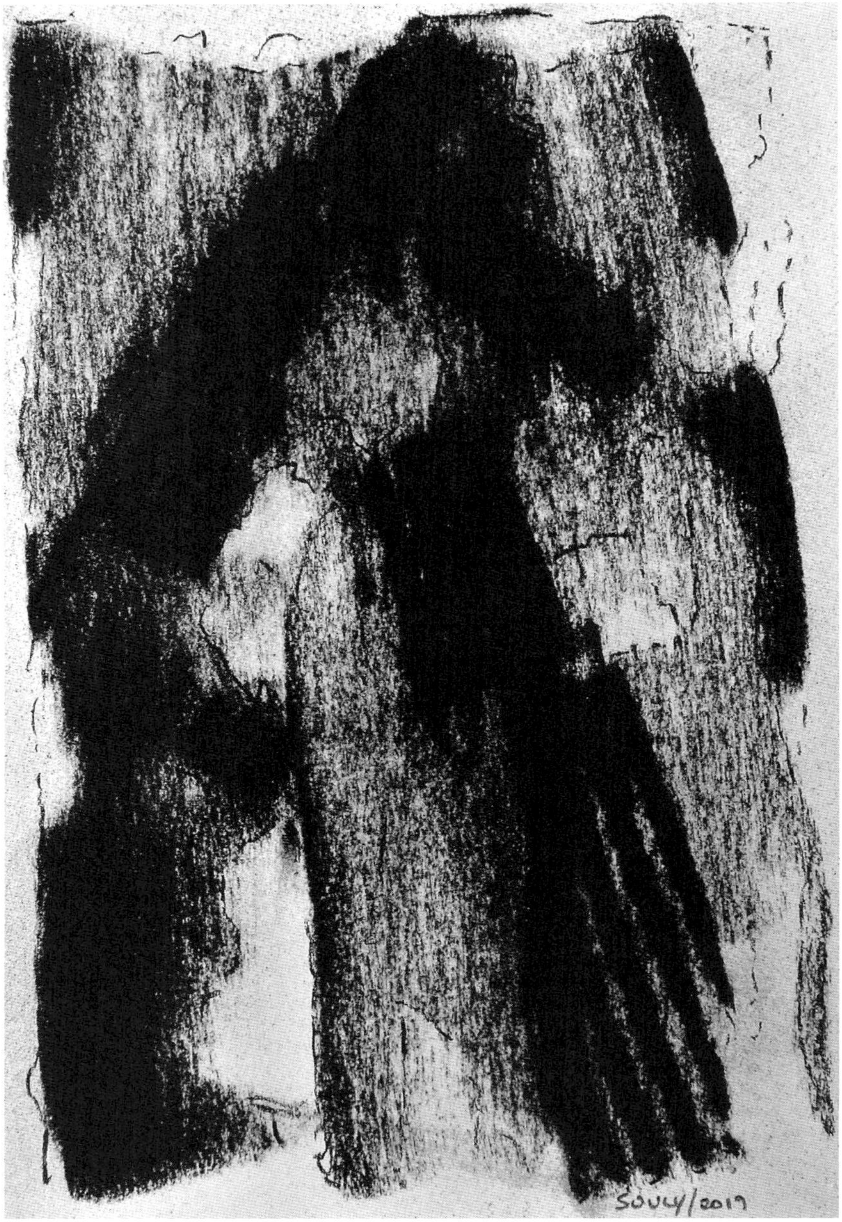
SOULY/2019

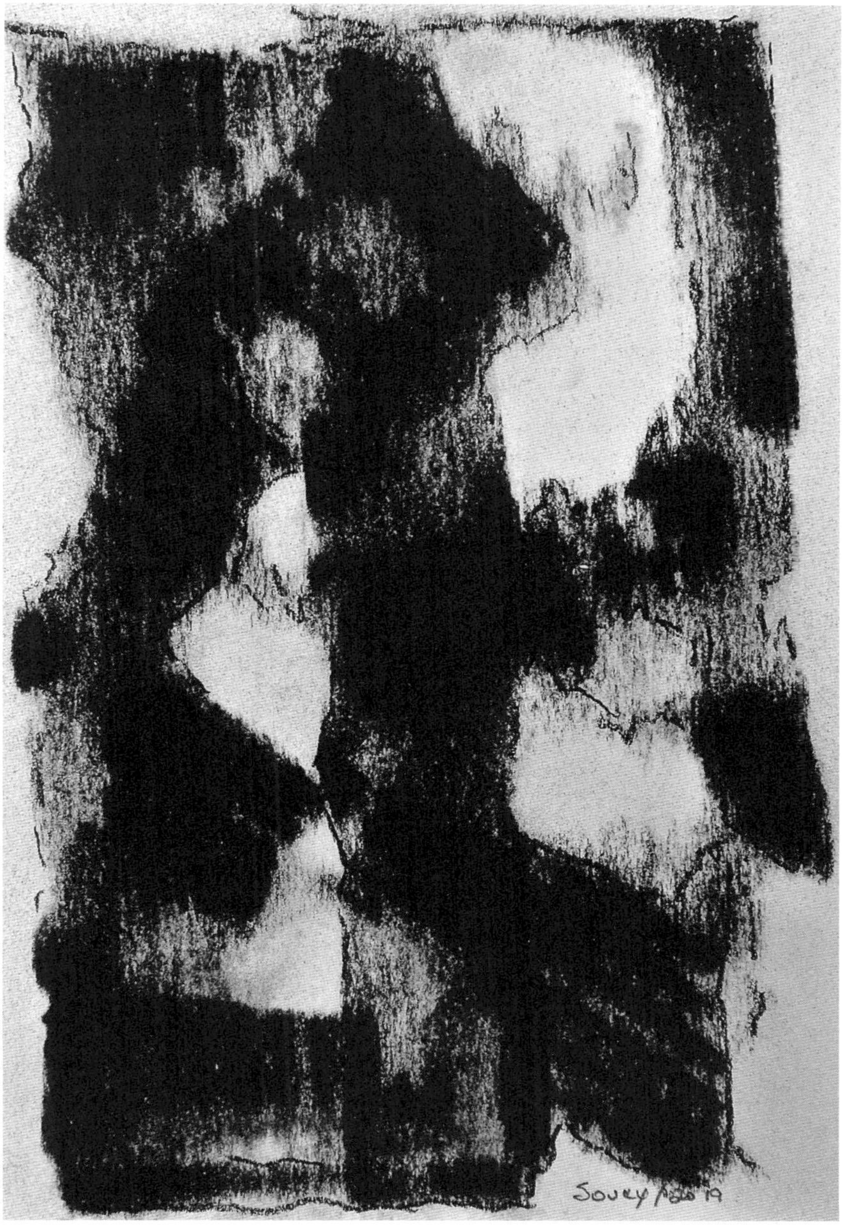

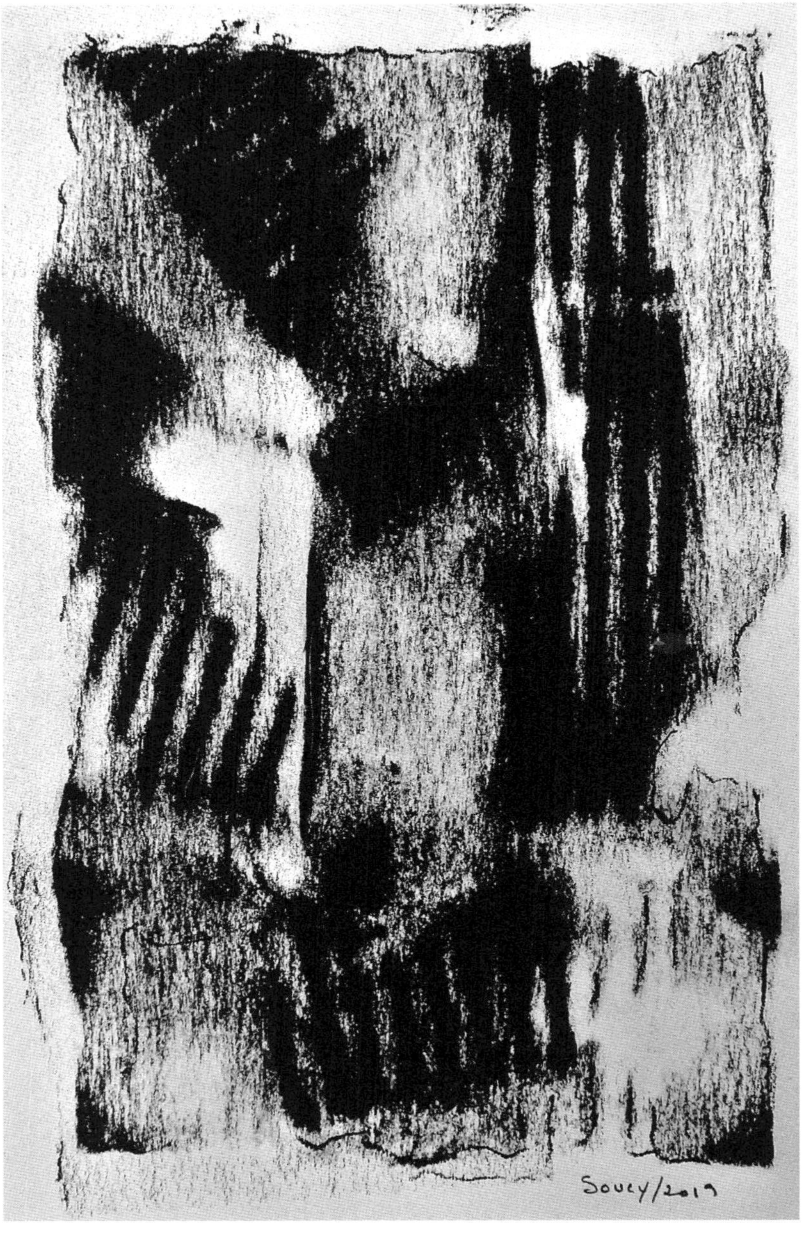
Soucy/2019

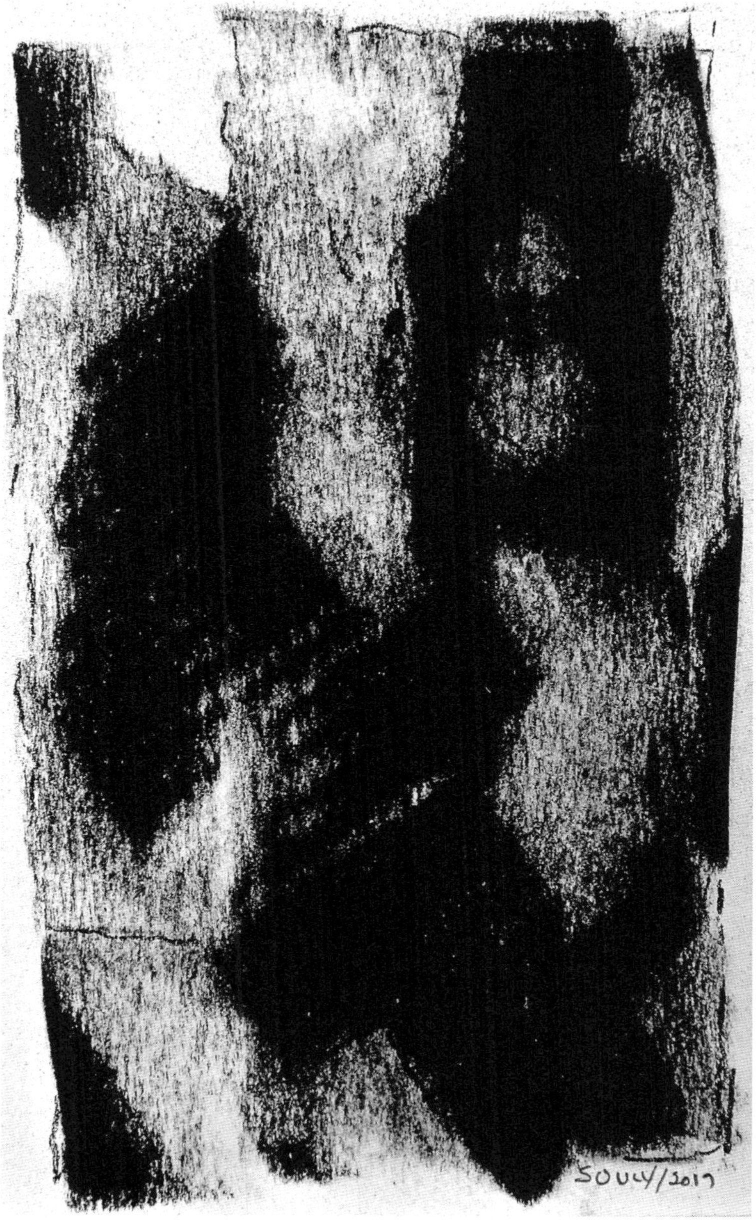
SOULY/2017

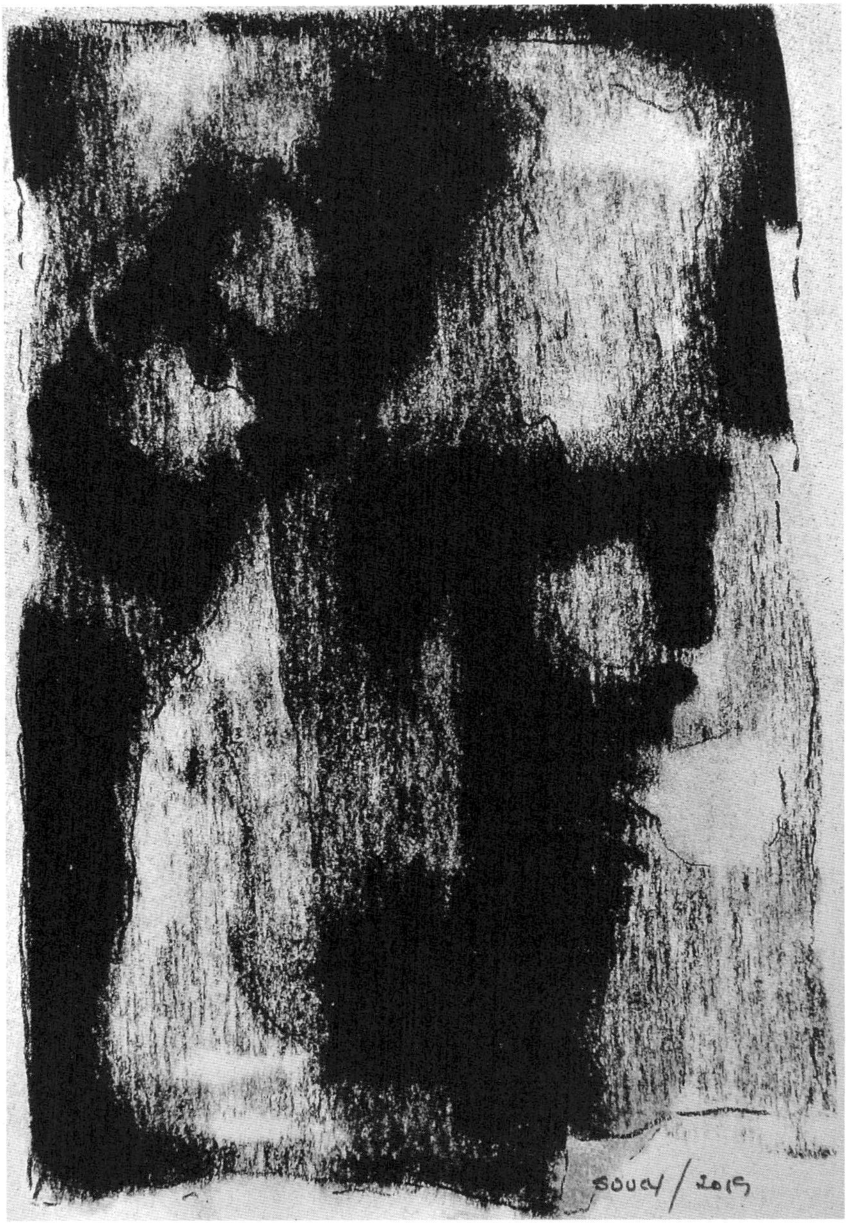

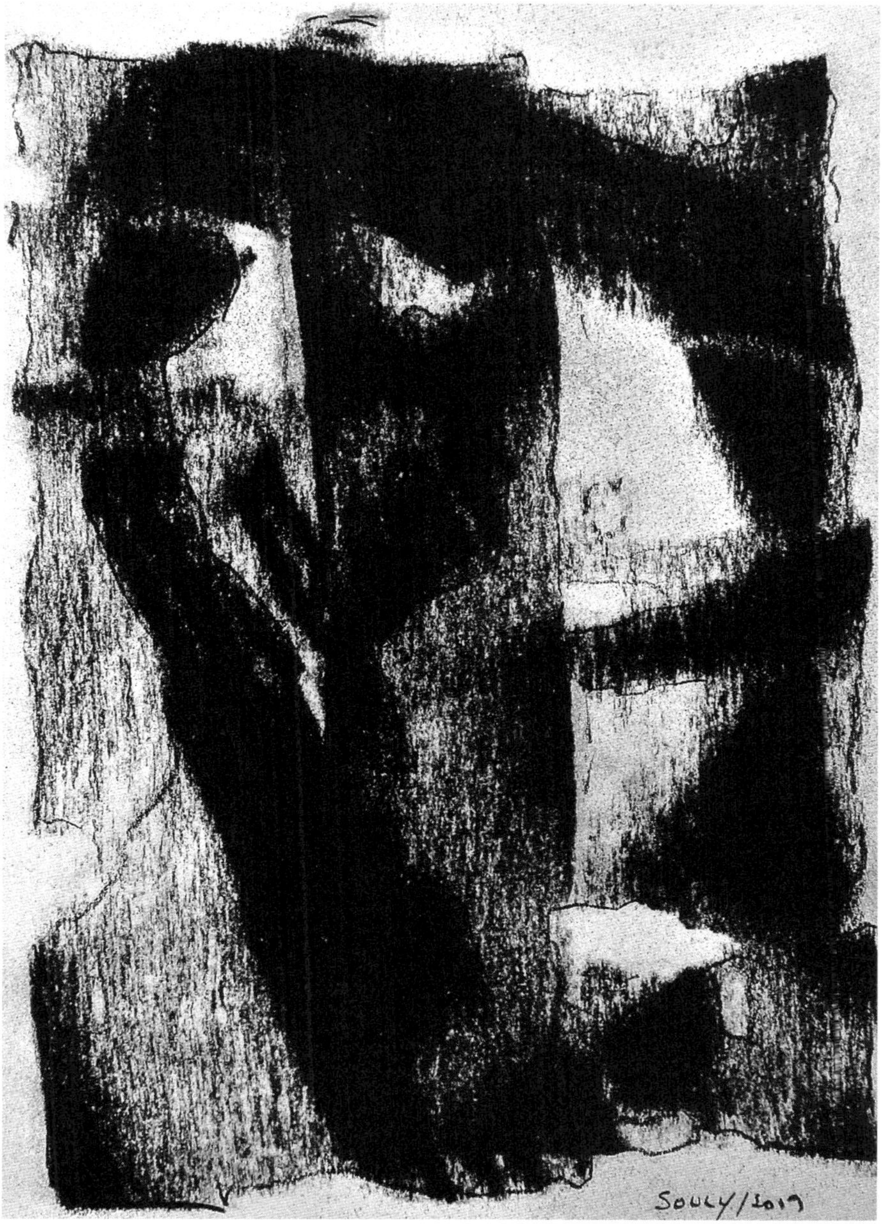
SOULY/2019

Rien ne surgit de rien. Tout prend forme sur fond de monde et sur tout ce qui s'y trouve engagé, ce fond de monde s'imposant à tout instant à notre attention. Cependant, nous n'agissons pas seulement en l'interprétant mais en créant, en ajoutant à ce monde ce qui sera appelé à s'y joindre.

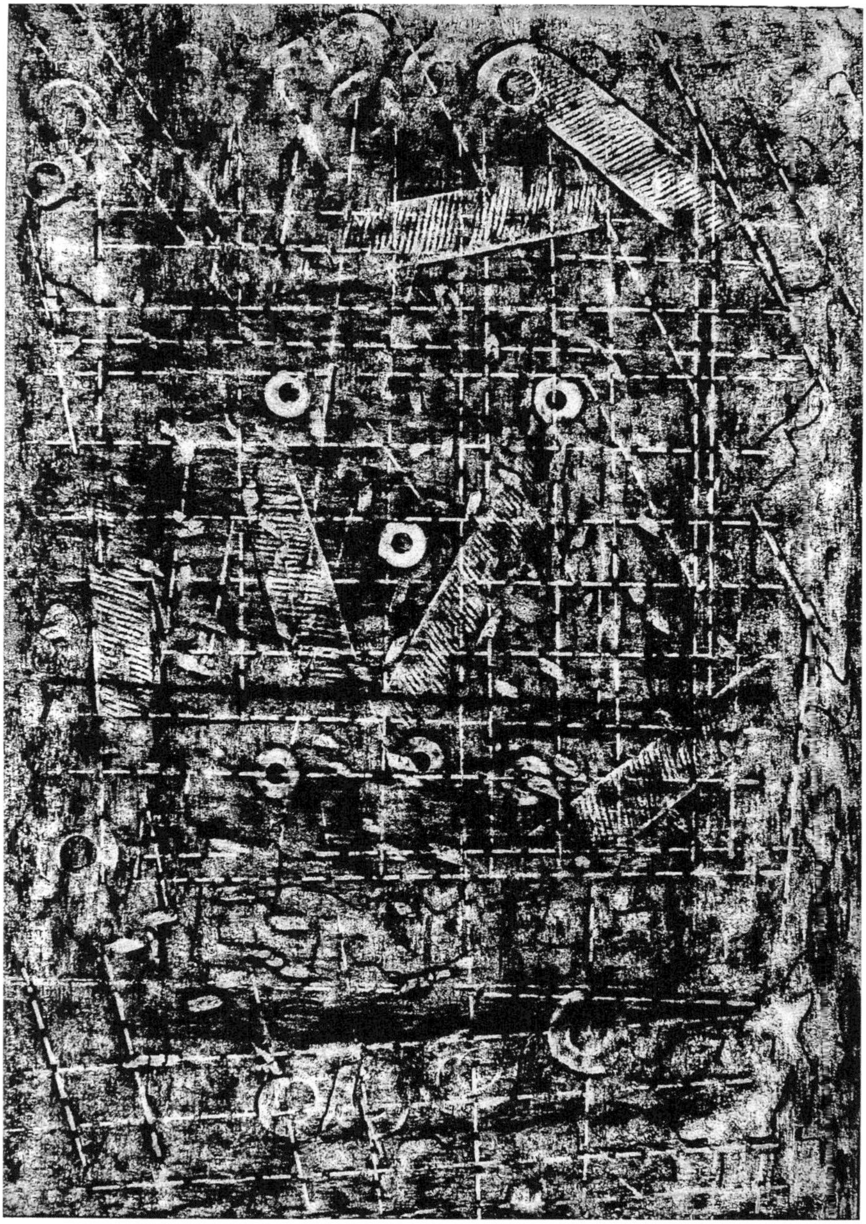

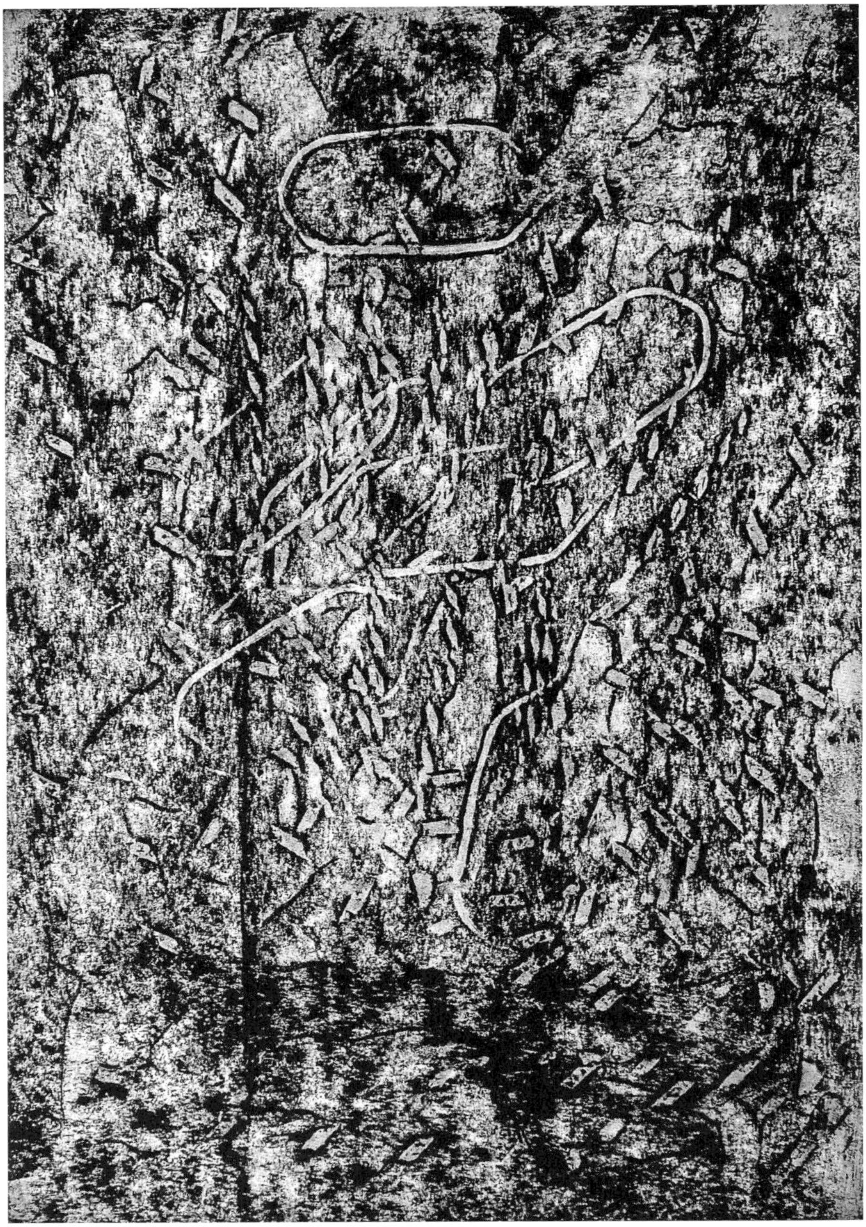

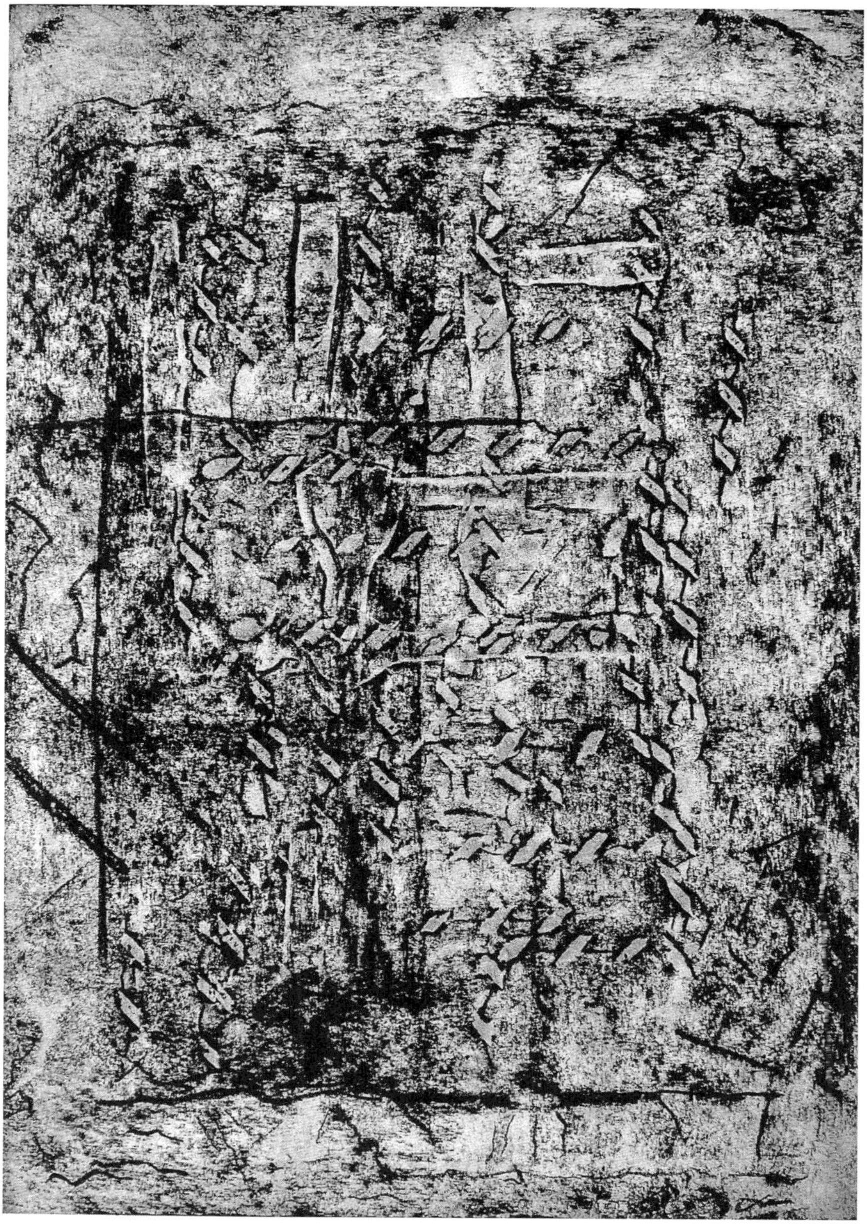

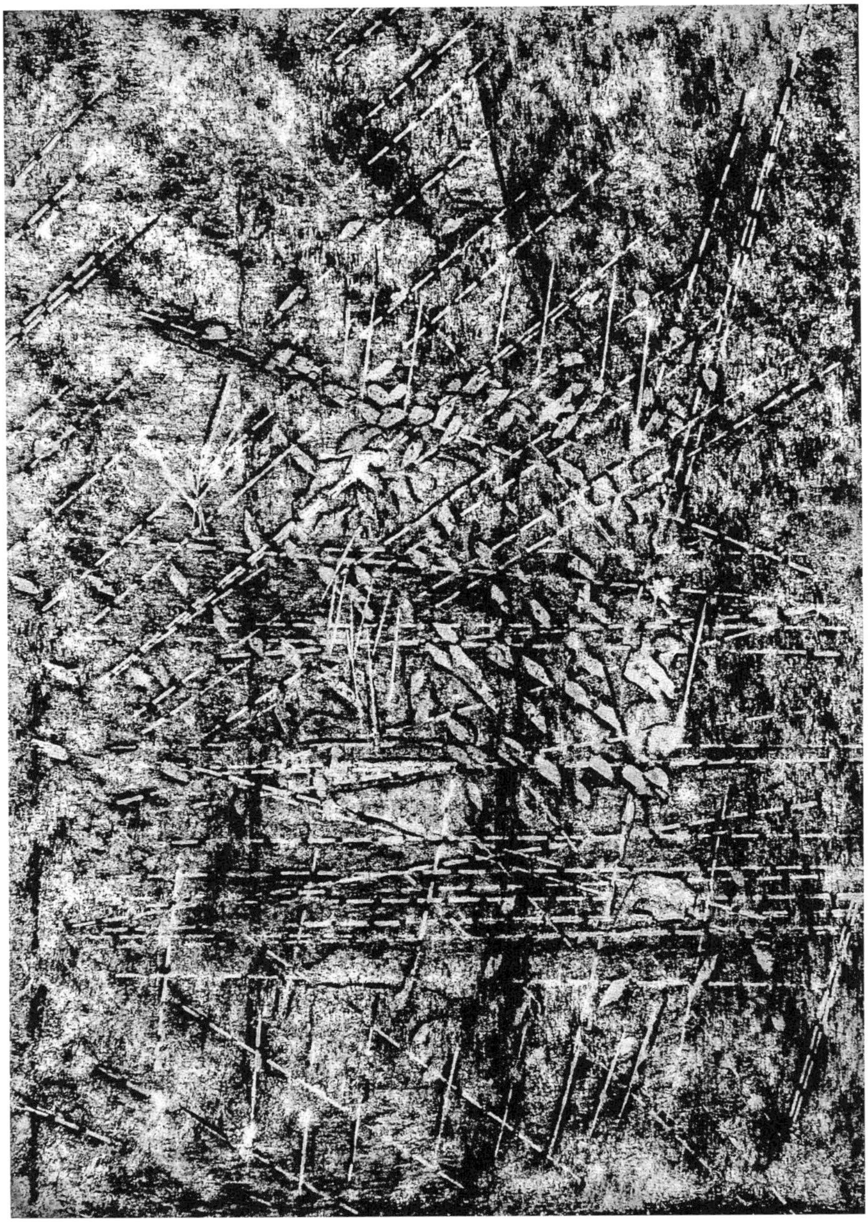

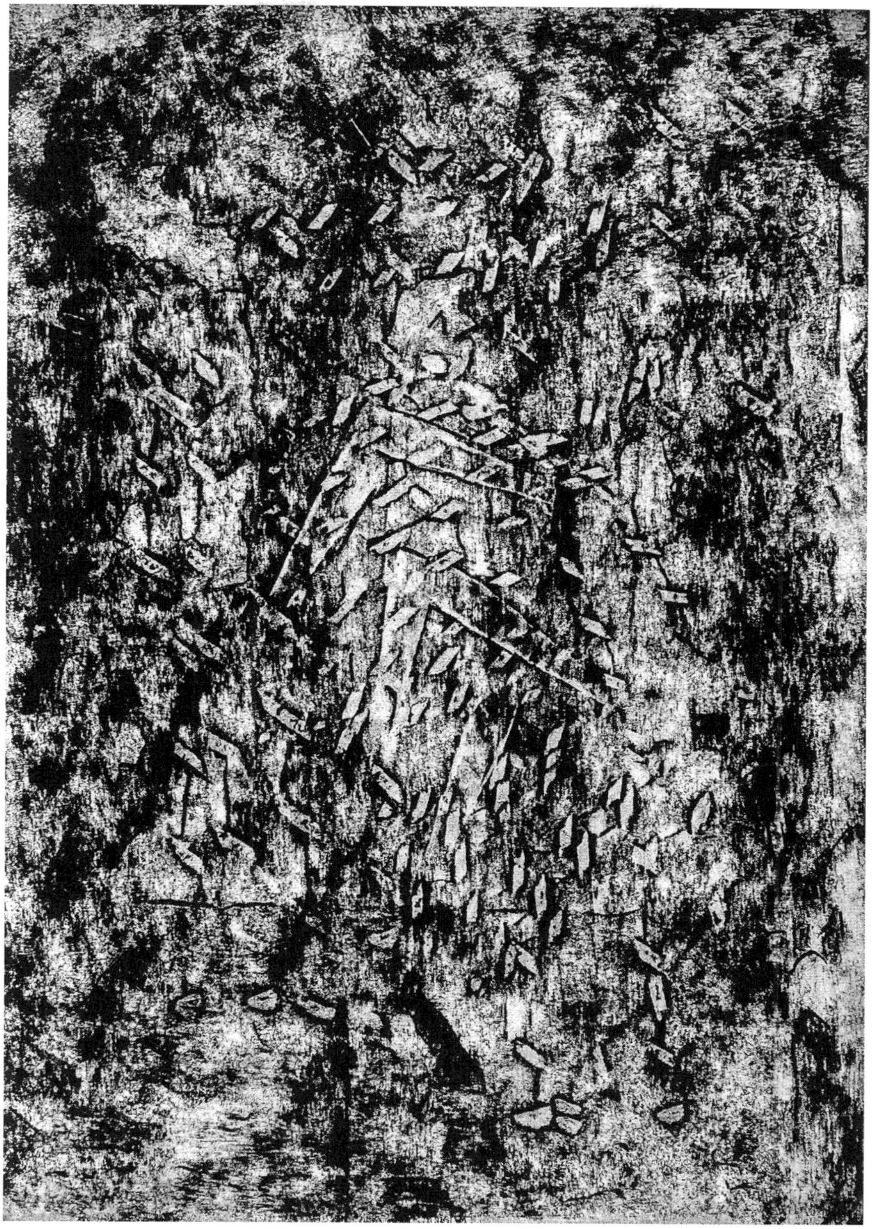

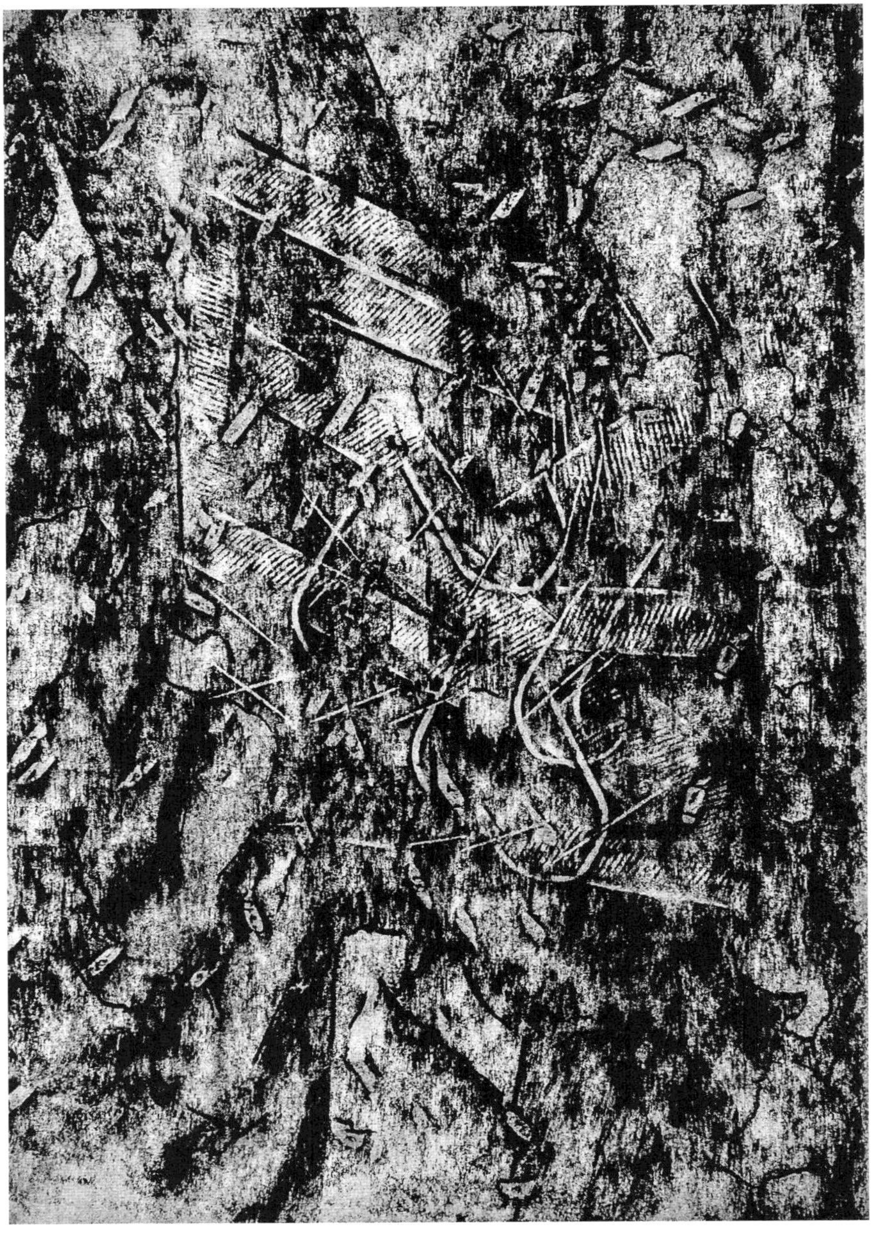

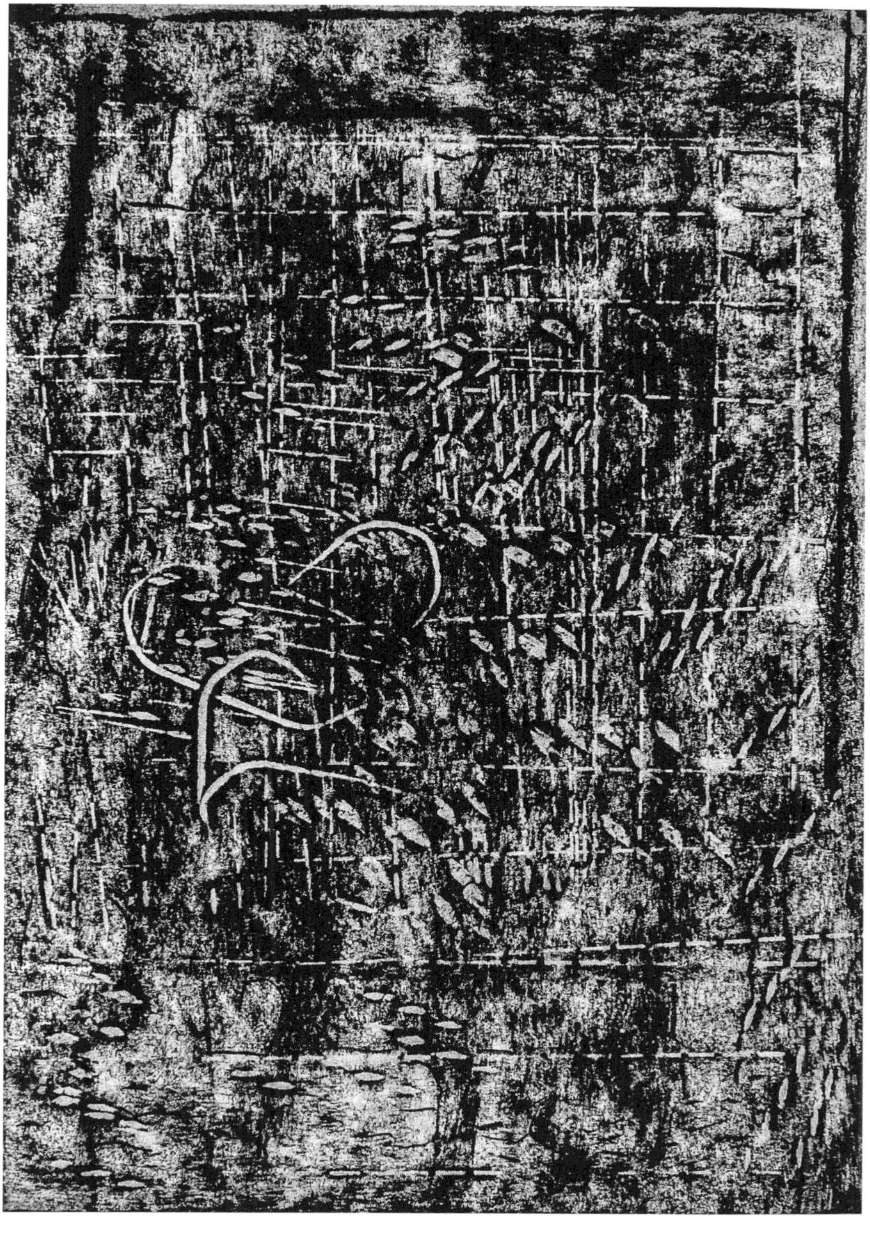

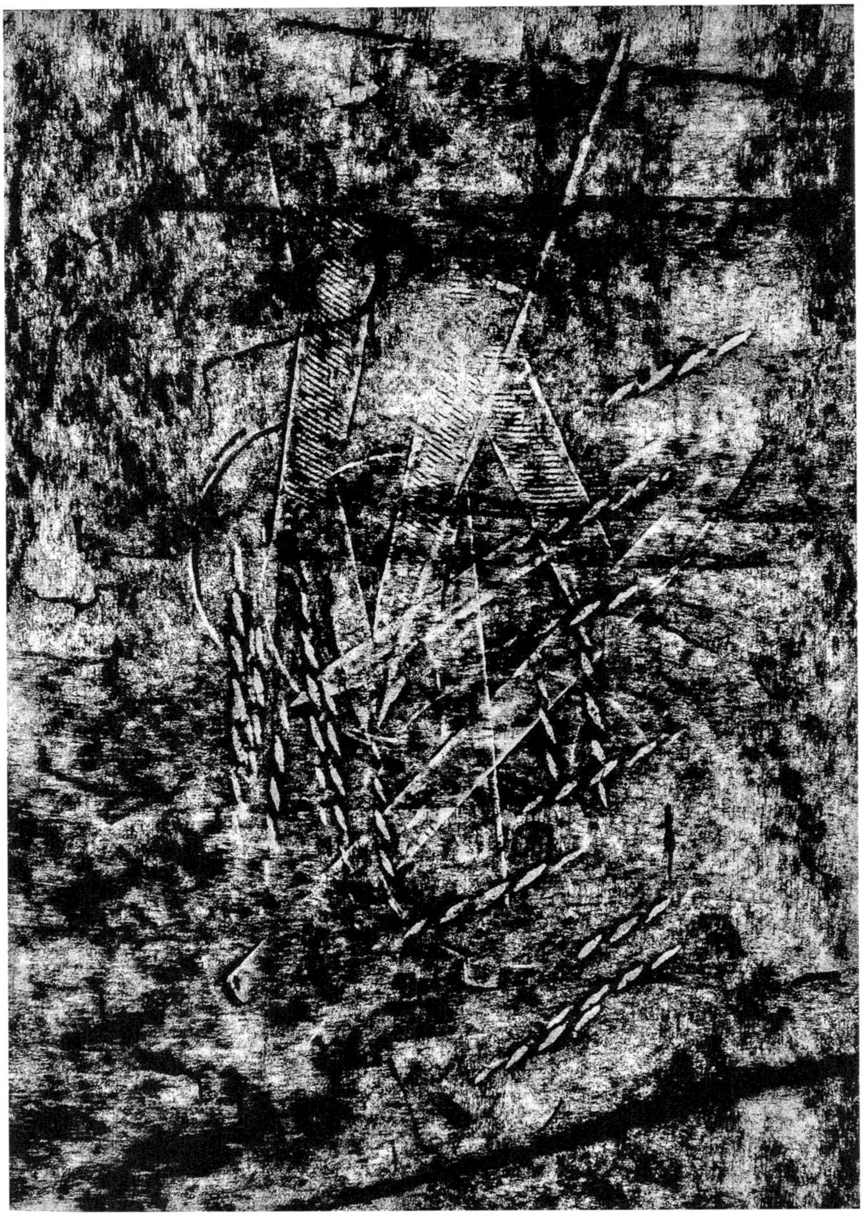

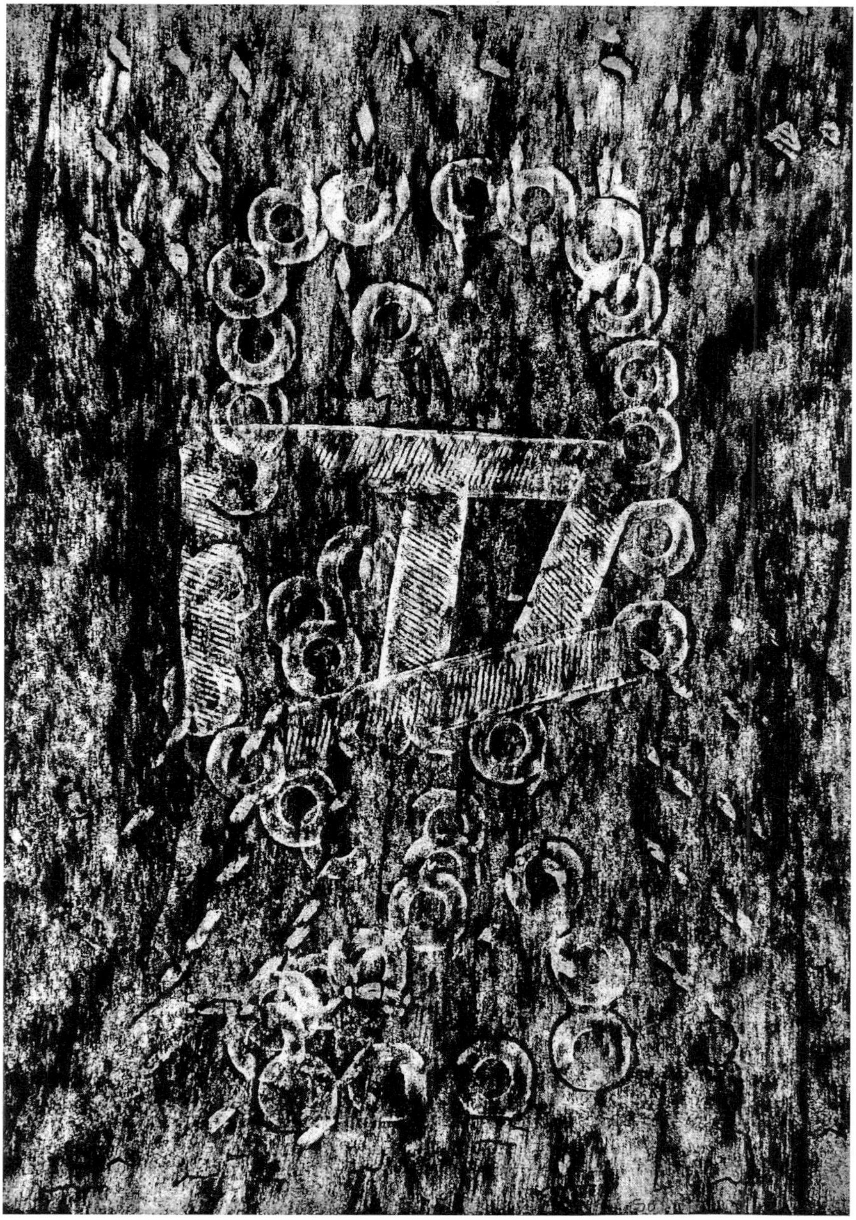

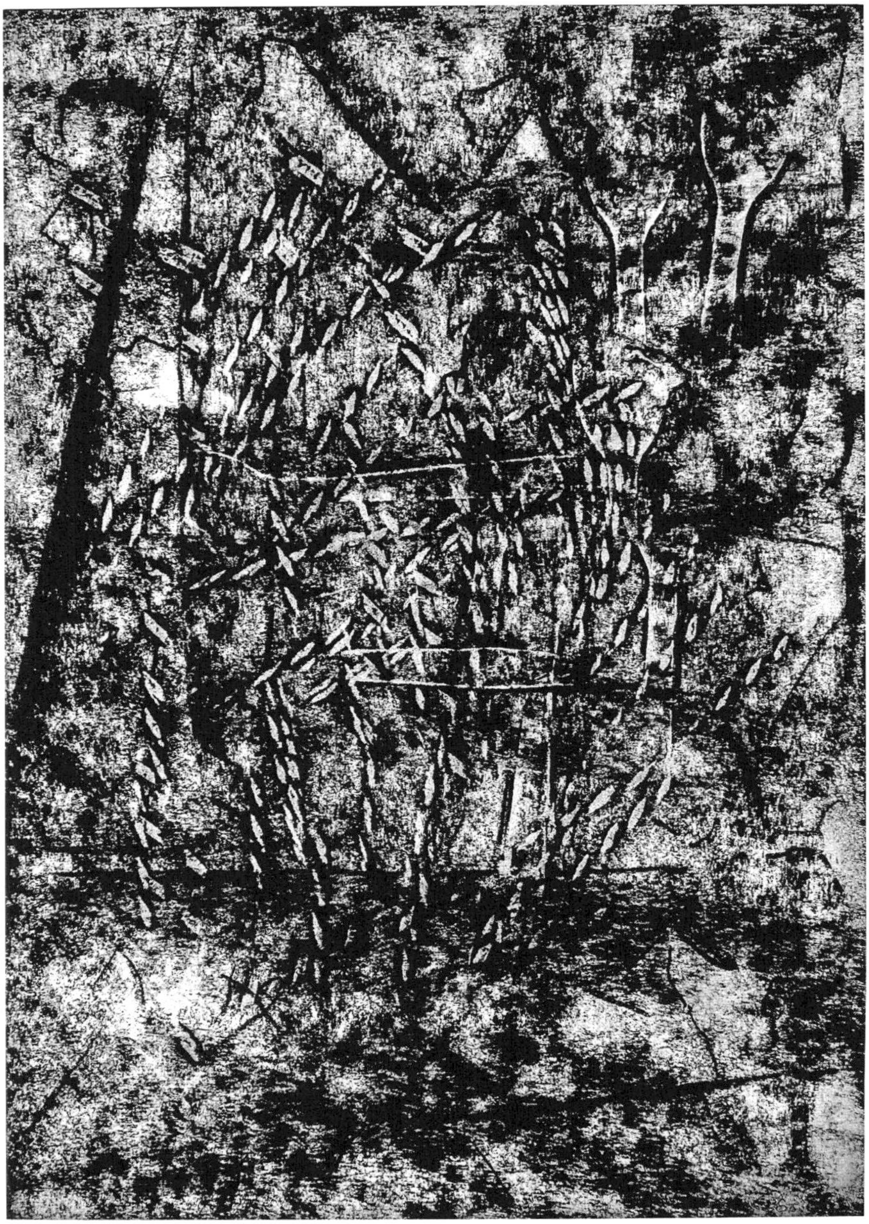

1. Les pages 12 à 20 inclusivement :
Dessins/empreintes au pastel brun et crayon de pierre noire (2013).

2. Les pages 22 à 27 inclusivement :
Dessins/empreintes au fusain compressé et crayon de pierre noire (2008).

3. Les pages 29 à 32 inclusivement :
Dessins/empreintes au fusain compressé et crayon de pierre noire (2012).

4. Les pages 34 à 43 inclusivement :
Dessins/empreintes au fusain compressé et crayon de pierre noire (2019).

5. Les pages 45 à 54 inclusivement :
Dessins/empreintes au fusain compressé et crayon de pierre noire (2018).

L'avènement de quelque chose qui nous échappe

Entretien d'Olivier Schefer avec Pierre-Yves Soucy

Olivier Schefer : Comment pourrait-on qualifier tes travaux graphiques, s'il faut les appeler ainsi ? S'agit-il de dessins, de frottages, de collages, de peintures ? Pourrais-tu également nous dire quelques mots des instruments et des matières utilisés pour leur réalisation ? Je crois que tu as quelquefois recours à des pièces mécaniques trouvées dans des ateliers.

Pierre-Yves Soucy : Pour la plus grande partie de ces travaux graphiques, pour reprendre l'expression que tu utilises, et elle me convient très bien, ce sont des dessins construits sur la base d'empreintes de diverses natures sinon de formes. Ces empreintes, révélées avec plus ou moins d'intensité par des frottages, comme tu l'auras très bien vu, tiennent lieu d'*infrastructure,* ou, si l'on préfère, de *soubassement.* Ce sont autant de traces sur lesquelles il devient alors possible de prendre appui, et qui sont appelées à orienter tout le dessin à venir. Et comme dans le dessin ces formes surgissent dans le mouvement précipité à l'instant même de l'exécution, elles ouvrent alors plusieurs directions possibles que va prendre cette première configuration inédite.

D'où aussi un travail en séries à partir des mêmes *soubassements.* Il offre la possibilité d'explorer autant de voies fort distinctes au niveau de l'expression, lesquelles tentatives peuvent être acceptées ou refusées selon que les directions prises sont recevables ou non puisqu'on est confronté à plusieurs perspectives simultanées qui ne cesseront, par ailleurs, de bouger. Le plus souvent, les décisions qui se succèdent sont prises quasi dans l'instant même, j'insiste, de sorte qu'on se trouve placé entre un presque rien et l'avènement de quelque chose qui d'abord nous échappe, non sans ouvrir la porte à de nouvelles formes du visible. D'autant qu'il m'arrive très souvent de mêler différentes techniques : une manière de faire qui n'est pas nouvelle, il va sans dire, dans le domaine de la création plastique actuelle, tout comme moins actuelle, d'ailleurs. Il suffit de penser à ces œuvres modernes jusqu'aux plus contemporaines, dont les compositions sont désignées par l'expression *techniques mixtes* pour qualifier à la fois les matériaux utilisés et les procédés mobilisés pour leur réalisation.

Il me semble toutefois nécessaire de distinguer les matériaux, les différents outils ou les matières proprement dites, des procédés comme tels. De les distinguer non pour les dissocier, ce qui serait totalement insensé, mais pour bien indiquer que les uns ne s'effacent ou ne disparaissent en aucune manière au contact et en présence des autres. L'ensemble des *moyens* constitue un dispositif jamais réductible aux mêmes automatismes, lesquels ne se conforment non plus à un ordre fixe, récurrent ou anticipé. Ce que je fais n'est pas de la peinture, c'est évident. Il serait toutefois insensé de dire que cela n'aurait strictement rien à voir avec la peinture. Si j'utilise très exceptionnellement la peinture, si mes matériaux sont le plus souvent de l'encre, des encres de couleur, du fusain compressé, du pastel plus ou moins densifié ou résistant – qu'il m'arrive même de tremper dans de l'eau afin de l'assouplir – rien ne peut être exclu *a priori*. J'utilise également des crayons de diverses matières composites et de diverses couleurs, mais plus rarement, et surtout pour toucher et retoucher, si peu, faut-il préciser, certaines découpes de plans, de tracés ou d'espaces déjà définis.

Pour s'en tenir à la question des matériaux, on ne peut, certes, faire l'impasse sur le support premier de ce travail, à savoir le papier, décliné sous toutes ses textures possibles, puisque chaque papier possède des qualités, souvent très différentes selon les uns et les autres, nous conduisant à des résultats non moins différenciés. Des plus fins aux plus forts, chaque papier possède ses particularités. Et ceux-ci ne peuvent être employés indifféremment. En règle générale, je suis plus attiré par des papiers ayant beaucoup de matière. De sorte qu'à chaque fois le support se comporte de manière imprévisible. Il faut voir que la surface d'une œuvre concentre et révèle, en quelque sorte, son fond, lequel se tient toujours à la surface. Une perspective ou une ligne de fuite ne donne pas plus de profondeur à une œuvre. Du moins est-ce l'expérience que j'ai faite au fil de ce travail qui s'échelonne sur plusieurs années maintenant, et je ne suis sans doute pas le premier à l'avoir faite, non plus qu'à le dire.

Ce qui m'intéresse d'abord, c'est ce qui se produit lorsque le geste de la main, ce geste porté par tout le corps, il va sans dire, touche la feuille de papier – ou tout autre support utilisé. Le geste – sa trace – donne naissance à quelque chose qui ouvre des espaces, dès que des formes paraissent, lesquelles tiennent lieu d'un commencement absolu dès lors qu'il ne s'agit pas de simplement copier ou recopier quelque chose d'existant. Il dégage, prolonge et approfondit l'empreinte, l'amplifie certainement. La préméditation ne conduit pas à faire figurer un paysage ou un visage non plus que de s'enfermer fidèlement dans la vision que nous pourrions avoir puisque, dans un premier temps, nous nous retrouvons face à de l'aléatoire qui est sans doute en apparence tout à fait abstrait. Ce qui étonne, toutefois, c'est en même temps la puissance de figuration qui s'y dégage. Tout dessin, toute toile n'est jamais une simple anecdote. Ainsi, l'empreinte est témoin d'une trace, de multiples traces, pour être plus précis. Lorsque tu remarques dans certains travaux récents ces pièces mécaniques trouvées dans un atelier, c'est que cet atelier était là, dans un éclairage très atténué, avec une lumière passagère et tout à fait décisive. Mais cela aurait pu être un tout autre lieu avec tout autre chose. Je travaille avec *ce qui me tombe sous la main.* Et il serait tout aussi juste de dire : avec tout *ce qui me tombe sous les yeux,* d'abord, et à partir de quoi je peux anticiper ce qui, possiblement, pourrait apparaître, bien que presque rien ne soit donné d'avance.

Ce qui veut dire que les rencontres fortuites, aléatoires, pour reprendre ce mot utilisé à l'instant, ne souffrent pas de préalables bien que l'empreinte exige d'anticiper quelque peu un montage plus ou moins affirmé et certainement mobile. De placer des objets qui sont aussi des formes sur une table ou sur une vitre afin de les disposer à sa guise et de les composer et recomposer selon diverses combinaisons donne à l'empreinte un à-peu-près qui peut être repris, saisi par le travail du dessin. Un autre aspect de ce travail graphique concerne la dimension des œuvres. Je travaille sur des formats plutôt petits, tu l'auras constaté. Ceux-ci dépassent rarement les quarante par cent centimètres. Plusieurs facteurs peuvent intervenir dans le choix du format retenu. Cela tient la plupart du temps à la facilité de la manipulation des pièces ou montages, à la maîtrise des éléments constitutifs du travail, de manière à obtenir une précision graphique maximale des configurations qui viennent au jour.

O. S. : Revenons au moment de naissance des formes avant qu'elles n'évoquent des figures, car il me semble que quelque chose d'essentiel de ta production se joue là. Dans ce passage et dans ce tremblement. Je suis frappé par l'attention que tu portes à la notion d'instant. Les traces graphiques, dis-tu, « surgissent dans le mouvement précipité à l'instant même de l'exécution ». Face aux différentes pistes révélées par le premier travail sur les soubassements d'empreintes que tu décris, tu dis enfin que les décisions visuelles sont prises « quasi dans l'instant même ». Qu'est-ce que cet instant ?

Le tracé, le dessin porté par le geste, est-il un relevé quasi sismographique d'une mince portion de temps ? S'agit-il de fixer quelque instant fécond et juste – on songe, différemment à Lessing et à Henri Cartier-Bresson ? D'être attentif au hasard qui surgit dans un instant non prémédité ? Ou bien, de manière plus archaïque, originelle, de se mettre en quête, je reprends à nouveaux tes mots, de « formes qui tiennent lieu d'un commencement absolu » puisqu'il ne s'agit pas ici d'imiter quoi que ce soit ? Dans tous les cas, le temps se mêle à l'affaire...

P.-Y. S. : La naissance des formes est sans aucun doute une très grande affaire. D'autant plus grande que *nous baignons à tout instant* depuis le moment de notre éveil à la vie et tout au long de notre veille – pour ne pas parler de ce dont sont constitués nos rêves – *dans un magma de formes* auxquelles nous voudrions bien donner sens et rendre – à nous-même et à ceux et celles appelés à les découvrir – intelligibles. Le monde, les choses, les objets sont ainsi faits qu'ils s'offrent sous l'aspect d'un véritable chaos de par leur constitution et leur relation. L'attention de la vision découvre d'abord ce qui s'apparente à une structure sans charpente et éprouve un sentiment de vertige au point de se persuader de devoir y remédier.

À ce titre, je m'intéresse aux formes, à leur naissance, à l'instant de leur naissance, comme aux perspectives formelles qu'elles ouvrent, et non moins aux images qu'elles suscitent, ne serait-ce que parce qu'elles redistribuent le moment sensible de la saisie, celui d'une mise en forme de nouvelles distinctions et de l'incorporation de leur séduction, si ce terme mérite d'être ici retenu. D'où aussi une méfiance certaine à l'endroit de quelques algorithmes pourvoyeurs de formes, au point de dépouiller ces dernières à la fois de leur énigme et de leurs projections, entretenant ainsi un formalisme restreint à des procédés. Et il semble bien que l'apprentissage est bien plus complexe que l'acquisition de procédés techniques, aussi indispensables, décisifs, soient-ils. La *recon-*

naissance de ces formes devant lesquelles s'ouvrent nos yeux, lesquelles nous ouvrent tout autant les yeux, participe directement de notre perception et de notre compréhension, immédiate et utilitaire, de tout ce qui se tient à la fois dans notre proximité jusqu'au plus lointain de ce qui est perceptible. Produite par un premier geste de la main – et chaque geste est une tentative inachevée, inachevable –, une forme naît qui jamais ne s'offre comme définitive pour cette seule raison qu'elle est appelée à multiplier les perspectives de la vision, et celles des interprétations possibles. Lorsqu'une forme nouvelle s'annonce, elle se manifeste avant même d'être posée, dans l'intention de voir à partir du déjà-vu. Et elle se prolonge sous l'articulation de la durée, de la succession des instants, de leurs incidences indéterminées. Voir, c'est en quelque sorte situer un moment de repos par rapport à un ensemble de mouvements ; et ce moment s'éprouve selon une extrême brièveté. C'est à chaque fois recommencer à voir : voir ce qui advient à l'instant, comme tout autant dans le prolongement de ce qui est advenu en cet instant, un prolongement qui appelle des gestes successifs et nous projette vers l'avant jusqu'à ce qu'une composition semble trouver une configuration singulière, unique et adéquate.

Dans cette perspective, il me paraît impossible de soutenir que des formes meurent sous l'impact de la naissance de nouvelles formes. Elles n'abolissent pas les formes qui l'auront précédée, bien au contraire. Elles multiplient leurs possibilités. Ici s'éprouve une part de notre liberté en acte. La mémoire de la main, qui porte tout ce que nous aurons glané, amassé, tout ce qu'elle est en mesure d'incarner au moment précis du geste qu'elle pose relève, en définitive, la totalité de ce que nous sommes et qui fait qu'on n'est jamais seul maître et unique pourvoyeur de ce que l'on fait advenir. Alors même que l'incertitude se tient tout autant au départ du geste. La consistance des formes tient au fait qu'elles sont en quelque sorte cumulatives, c'est-à-dire inépuisables, si on peut dire les choses ainsi. L'instant désigne alors ce moment d'avènement, et n'existe que par ce singulier universel qu'est l'événement. Il matérialise une captation et une inscription. Il porte sans conteste toute la charge de ce qui le prépare puisque nous sommes toujours déjà dans le tout de ce qui a commencé. Non une instance donnée d'avance, mais bien un moment de son mouvement perpétuel.

C'est aussi que la création – qu'il s'agisse de création plastique, de création poétique ou même musicale, pour ne prendre que ces trois exemples – atteste d'un apprentissage dans le sens le plus complet du terme. Cela paraît d'une évidence élémentaire que de le rappeler, puisqu'en chaque instant se précipite tout ce qui compose notre monde et soi, toutes expériences faites. Dans l'instant se révèle quelque chose qui est de l'ordre de l'inattendu. La poursuite engagée donnera formes, traits, traces, points, lignes, actions, pensées ; et si aucune garantie préalable ne peut être adjugée à l'avance, le geste posé dans l'instant, l'intimation de l'attente, son imprégnation, ne sauraient se soutenir et s'entretenir de simples silences ou de temps morts. L'instant appartient à ce moment de synthèse. Il tranche dans la gestation des formes, des images, non sans persister sous leur durée. Il se découvre ainsi. L'instant ouvre sur des dérivations, alors quelque chose d'illisible devient lisible, un espace, une lumière, une forme… témoins de l'irruption d'une réalité non encore advenue.

Il me semble indispensable d'insister sur cet aspect de la question que tu as soulevé : à savoir si le dessin produit par le geste peut être un relevé sismographique d'une mince portion de temps. L'instant dévoile en quelque sorte un point aveugle, bien qu'il soit appelé à déployer une vision d'où surgit une réalité qui n'est en rien surgissement à partir de rien. Ce qui laisse aussi paraître combien il s'avère illusoire de penser esquisser quelque chose *à partir d'une ignorance de fond, du fond.* Il semble si difficile de se débarrasser de cette matière d'appréhender le monde : que ce qui apparaît peut surgir de rien. Rien ne surgit de rien. Tout prend forme sur fond de monde et sur tout ce qui s'y trouve engagé, ce fond de monde s'imposant à tout instant à notre attention. Cependant, nous n'agissons pas seulement en l'interprétant, mais bien en créant, en ajoutant à ce monde ce qui sera appelé à s'y joindre. Et bien qu'il s'agisse d'isoler l'instant de ce qui l'engage, tout autant nous devons y revenir, reprendre ce qui s'est érigé au hasard du geste à l'instant posé des correspondances singulières que nous sommes appelés à approfondir : tout ce dont il est fait, tout ce qu'il découvre.

Chacun de ces instants révèle une telle complexité au point qu'il devient quasi impossible d'en explorer tous les aspects. Le temps comme durée n'est pas en reste, comme tu le laisses justement entendre. Cette manière d'appréhender cet intervalle d'édification me paraît tout aussi valable pour la création poétique : de brefs moments de fulgurance, un mot à peine esquissé par la parole pour saisir l'instant d'un souvenir qui fait surface, lequel exigera alors du temps pour en prospecter tous les tons, tous les sens, toutes possibilités, significations et ouvertures. Mais l'occasion offerte par le *hasard,* ce que tu rappelles dans ta question, est bien là. On s'écarte alors de tout mimétisme, de toute reproduction mimétique, sans rompre pour autant ou de manière absolue ou dogmatique avec celle-ci. Sont empruntés ainsi des chemins non tracés d'avance pour explorer des formes au travers de ce qui devient des lieux constitués de fragments d'espaces, alors que leurs évidentes nudités sont appelées à ne pas se répéter.

Je me rappelle une conférence de Jean Piaget, entendu à Montréal il y a longtemps de cela, lequel donnait le *hasard* pour « ce moment d'intersection de deux séries causales » – je cite de mémoire – à l'exemple d'une tuile qui se détache d'un toit et qui tombe sur la tête d'un passant : instant fatal. Cartier-Bresson, mais il n'est pas le seul – je pense également à Dorothea Lange, et, en définitive, à toute l'expérience de la photographie, laquelle n'est pas l'unique « technique » qui s'y trouve impliquée –, a donné une part si décisive de son attention à saisir de tels moments, à capter ces instants furtifs si révélateurs de la vie dans tout ce qui s'y révèle de l'instant aléatoire. À ce titre, pour la photographie comme pour le dessin, la peinture ou la sculpture, un déplacement d'angle, aussi minime soit-il, et c'est alors déjà autre chose qui germe et jaillit. Dans ces *travaux graphiques* les modulations de l'aléatoire s'accordent à de l'insondable, ne laissant voir non pas ce qui a toujours été vu mais ce qui devient visible en multipliant ces flux et fondues prolongés des correspondances. La perception et la lecture de ce qui vient à l'instant à jour sollicitent tout ce qui aura été vu et vécu. S'installe alors un complexe d'analogies qui donne au *voir* toute sa profondeur. Quant au temps, quelle que soit sa découpe, on n'y échappe pas. Si « tous les jours rencontrent leur fin », comme l'écrit James Joyce quelque part dans *Ulysse,* le jour suivant inscrit fatalement le jour précédent dans sa course. Mais il peut tout autant s'en écarter. Faire surgir une forme, une disposition singulière de traits, de masses de couleurs, conduit forcément à constituer un foyer d'évocations, à disposer un ensemble neuf de configurations. Ainsi, « l'instant fragile règne sur l'inconnu / de tout son poids il pèse / sa fougue nous échappe ».

*O.S. : Et je me souviens aussi, à l'*instant *de notre échange devrais-je dire, de cette autre formule qui me frappa beaucoup lorsque je découvris* Ulysse *pour la première fois, formule aussi simple que condensée : « la vie, c'est beaucoup de jours, jour après jour ». Le trait, à t'écouter, n'est-il pas un trait qui en contient une multitude d'autres ? Un pli deleuzien. Tout trait est pluriel. Tu insistes à plusieurs reprises sur les possibilités recélées par le geste de tracer, ce qui me semble aller en ce sens. Me revient à l'esprit la célèbre anecdote relatée par Pline l'Ancien dans son* Histoire naturelle *(XXXV) : cette amicale compétition entre Apelle et Protogène. Apelle rend visite à Protogène, absent à ce moment, il trace un trait particulièrement fin sur une toile vierge de l'artiste, en guise de signature. Je cite la suite du texte de Pline : « L'artiste, dit-on, ayant contemplé la délicatesse du trait, dit aussitôt qu'Apelle était venu, nul autre n'étant capable de rien faire d'aussi parfait.*

Lui-même alors, dans cette même ligne, en traça une encore plus déliée avec une autre couleur, et sortit en recommandant à la vieille de la faire voir à l'étranger, s'il revenait, et de lui dire : "Voilà celui que vous cherchez". Ce qu'il avait prévu arriva : Apelle revint, et, honteux d'avoir été surpassé, il refendit les deux lignes avec une troisième couleur, ne laissant plus possible même le trait le plus subtil. Protogène, s'avouant vaincu, vola au port chercher son hôte. On a jugé à propos de conserver à la postérité cette planche admirée de tout le monde, mais surtout des artistes. »

Magnifique passage : ce récit finalement articule les contributions respectives d'Apelle et de Protogène, comme s'ils prenaient part à une même œuvre qui serait l'addition de leurs gestes successifs. Un regard moderne, tout au moins, pourrait voir les choses ainsi : le dessin divise, découpe et il est la mémoire du tracé, strate par strate. Il déplie et déploie le potentiel contenu dans l'actuel, le virtuel au bord à bord avec l'actuel.

Peut-on revenir, justement, sur la nature du geste, sur les tracés de la main. Quel lien les gestes du dessin entretiennent-ils avec le corps ? Selon Paul Valéry, « le peintre apporte son corps dans la peinture ». Mais qu'en est-il du dessinateur, si l'on peut t'appeler ainsi ? Ton corps, disons le corps propre phénoménologique, est-il impliqué en ton travail et de quelle manière ? De quelle façon est-il présent ou au contraire absent et lointain, rêveur, distrait, au moment de dessiner et quelle différence avec le fait d'écrire ? En somme, peux-tu revenir sur ce qui relie et distingue le corps du dessinateur et celui de l'écrivain ; toi poète en l'occurrence, et ce n'est pas n'importe quel type d'écriture. Il m'a toujours semblé que dans l'écriture, un corps fantôme et imaginaire se mouvait dans les lignes. C'est pourquoi, écrire est aussi exaltant que fatiguant, réel et onirique, ce « quelque chose qui nous échappe » que tu évoquais justement en commençant, se détache physiquement de nous pour s'incarner là.

P.-Y. S. : Cette anecdote relatée par Pline l'Ancien s'avère très éclairante à plus d'un titre. Il y a d'abord l'exigence, fondamentale, d'une maîtrise technique du dessin, des moyens d'expression, ce qui implique un apprentissage, une connaissance et une pratique qui sont les conditions de la mise en œuvre de la vérité possible de l'œuvre. Il y a ensuite les relations de l'artiste avec lui-même et celle des artistes entre eux, ce qui relève du défi et de la reconnaissance dans la rencontre différée d'Apelle et de Protogène, soutenu par l'idée que l'on ne se trouve jamais totalement seul dans le processus de création d'une œuvre. Enfin, il y a l'idée, que tu évoques avec une grande précision : que le dessin *est la mémoire du tracé,* qu'il *déploie le potentiel contenu dans l'actuel,* l'actuel étant l'instant de l'apparaître de la trace, du trait, du point se déplaçant et formant la ligne, tout ceci selon la perspective à la fois des limites réelles et concrètes de ce qui peut être réalisé. Et son inachèvement qui engage le prolongement de l'œuvre à l'infini d'elle-même, sa résurgence plus loin, ailleurs, dans le moment de sa réception dans l'œil du *spectateur.* Le geste donne forme, conduit au surgissement du dessin. Son espace n'est jamais clos sur lui-même. Il s'agit d'une action de la main qui engage tout le corps, nous l'avons déjà signalé. Et pour insister encore, s'y révèle *un processus d'intégration* où est mis en action tout ce dont nous sommes faits, tout ce que le corps aura appris pour conduire à son propre usage instrumental, si on peut dire les choses ainsi, et où se trouve mobilisée toute sa mémoire, celle de la vision comme de ses langages, celle de son expressivité active comme de la pensée qui la sous-tend. On est loin alors d'une argumentation formelle et technique, voire scientifique, *de prise* et de *captation* par des dispositifs expérimentaux bien rodés et relevant de modèles, loin d'*une pensée opératoire,* pour reprendre l'expression si juste de Merleau-Ponty. Dans la création, peinture, sculpture, dessin, poésie, etc., nous sommes en présence de l'action d'un sujet, c'est-à-dire de celle du corps et ce qui lui préexiste, le monde sensible et le monde historique et culturel, son sol, auquel se rattache tout notre faire, tout notre agir.

Très souvent le mot geste dès qu'on s'y attarde est quasi toujours évoqué au singulier : *poser un geste,* au point de devoir presque reconnaître, simultanément, sa nécessité et son indigence, dans ce cas, celle de sa connotation singulière, sa condensation, et sa limite. Il s'agit, comme pour tout mot de la langue de désigner son identité, une identité forgée dans son usage, et signifier ce qu'il représente lorsque conduit à un haut niveau d'abstraction. Cependant que l'infinie dispersion de ses contours dont il se rappelle, toujours du point de vue de ses singularités dans ce qu'elles ont d'éphémère et d'inachevé non moins que de défini, nous engage dans autant de formes, de figures et d'images transitoires que l'on cherche à stabiliser. Dans ces travaux graphiques, dans ces dessins / empreintes, le délié d'un geste implique une architecture qui n'est jamais la même, ou jamais exactement la même, bien que l'enchaînement se situe dans une réelle continuité, précise autant qu'imprévisible, comme nous l'avons déjà remarqué plus haut, du point de vue de l'émergence de formes auxquelles il ne s'agit pas de s'arrêter mais bien de poursuivre sur ce terrain de l'inattendu puisqu'il s'agit aussi de revenir sur les gestes – je pense à ces quelques mots du poète Pierre Chappuis : « Revenir inlassablement sur son geste, son trait, sans espoir d'arriver à bout. Ébauche, devenir… » –, sur ce qu'ils auront donné, ce qui se trouve inscrit comme présence discrète ou dissimulée, insistante ou pressante.

Ce qui est contenu dans tout geste fait naître la possibilité quasi infinie d'éclats appelés à se succéder. Sa charge d'inconnus éclate et se répand, et le geste devient chant de ses incertitudes et de ses possibles. N'ayant de fin réelle pour lui-même, par les variations de l'attention dont il se trouve chargé, il regorge d'événements sensibles. La signification et la portée d'un geste ne peuvent se concevoir qu'à partir de l'intégration de toutes ses composantes physiques tout comme du mouvement de la pensée bien qu'ils ne soient jamais donnés d'avance, anticipés sous la contrainte d'une action réfléchie. Il va sans dire qu'il n'est concevable que dans la succession des gestes, de l'attention qu'il retient et qui l'engage à chaque instant dans la mobilisation des mouvements qui le composent. Ce qui se tient à l'orée du geste et ce qui se trouve engagé dans sa poursuite restera à jamais difficile bien que nécessaire à déterminer. Dans la création plastique, le premier mouvement d'un geste à peine amorcé le laisse apparaître comme un moment sans cesse en élaboration de telle sorte que l'attente paraît être toujours en attente. Une œuvre singulière n'est jamais que le fragment d'une poursuite infinie de gestes. Elle résulte d'un parcours, elle marque son espace et signale ses limites ; elle se voit circonscrite dans et par un espace donné même si elle s'édifie sur la base d'une relation qu'elle anticipe.

Le corps en toutes ses composantes devient le premier témoin de la profondeur du monde, des êtres comme des choses. Du geste à la parole et de la parole au geste tout ce qui s'accorde à notre expérience du monde vient s'y inscrire. Il est traversé par tout ce qui le compose, l'établit, et qu'il intègre en tant qu'éléments constitutifs de lui-même. Nous sommes *de la même chair,* pour reprendre une fois encore Merleau-Ponty. Ce corps à la fois inscrit dans et producteur du sensible. Je pense à ce qu'écrivait Emanuele Coccia et qui éclaire ces quelques remarques : « *Être-au-monde* signifie avant toutes choses être dans le sensible : s'y déplacer, le faire et le défaire sans interruption. » De telle sorte que tout est toujours appelé à nous tirer de notre isolement. Les expériences engagent aussi bien qu'elles nourrissent nos connaissances. De même, le corps du poète ou le corps du dessinateur – je suis bien loin d'être le premier à en avoir fait l'expérience – est toujours le même corps avec une même charge toujours en procès d'expériences sensibles. En ce sens, les œuvres, poésies ou dessins, communiquent entre elles. Ce qui s'y trouve engagé, c'est leur pouvoir de signification, même si le corps se trouve sollicité de manière différente.

Ce que dit Valéry, « le peintre apporte son corps dans la peinture », me semble tout à fait évident. La réflexion, que tu connais, de Merleau-

Ponty sur ce mot de Valéry me paraît ajouter et préciser ce qu'il en retourne dans le cadre de notre discussion : « Et, en effet, on ne voit pas comment un esprit pourrait peindre. C'est en prêtant son corps au monde que le peintre change le monde en peinture. Pour comprendre ces transsubstantiations, il faut retrouver le corps opérant et actuel, celui qui n'est pas un morceau d'espace, un faisceau de fonctions, qui est un entrelacs de vision et de mouvement ». Nous n'en aurons jamais fini avec le corps. Ce que l'un et l'autre disent, du peintre et du corps, nous pourrions le dire tout aussi bien de l'ouvrier et du menuisier ou du maçon à l'architecte, de l'artisan à l'ingénieur et au fonctionnaire quelconque, ou de l'informaticien au professeur et à l'écrivain, *etc.* – et rappelons-nous que nous ne sommes jamais que ceci ou cela, et ce que nous sommes, nous ne le sommes au jour le jour que de brefs instants, aussi prégnant que puisse être tel ou tel engagement dans la vie – puisque par et dans le corps se tient ce qui se joue à l'origine de la perception et de la conscience, cet *entrelacs de vision et de mouvement.* C'est affirmer que la peinture comme le dessin ou l'écriture ne se réduisent jamais à un ensemble de techniques, que le lien avec le corps, c'est précisément cet entrelacement de visions et de mouvements cumulés, c'est toute la mémoire du corps sujet à l'universelle présence de l'être portée à l'expression, dans le dessin comme dans l'écriture poétique, la présence du corps étant toujours déjà là.

C'est lui qui agit et pense, il fait son travail. Le corps résiste à ce qui lui résiste. L'acte d'écriture comme celui du dessin en font tous les deux l'expérience. Cependant les gestes ne sont pas les mêmes, en surface à tout le moins, puisque *les matériaux* ne sont pas du tout les mêmes, ne se manipulent pas de la même manière. En profondeur, toutefois, nous retrouvons une semblable *rumination du monde* : que l'expérience d'écriture ou de dessin au moment où elle se fait est celle de *l'expérience de quelque chose qui résiste à toute saisie.* Dans le geste de l'écrivain ou celui de l'artiste quelque chose prend forme, advient, impliquant une dépense d'énergie dans tous les cas de figure. Sous les deux composés de gestes, nous nous retrouvons dans l'urgence d'atteindre.

O.S. : Depuis le début, un peu énigmatiquement, tu évoques un quelque chose. Un quelque chose qui nous résiste et qui nous échappe. L'indétermination est belle, elle fait signe vers un antécédent du langage que mots et travaux graphiques prennent en charge. Je songe à Nietzsche et à tous ses aphorismes nécessaires par lesquels il s'efforce de contourner les constructions logiques et continues de la pensée rationnelle, la pensée qui prouve, pour capter, écrire, saisir le battement de ce qui advient. Les incidences, les hasards, les figures dansantes du désir. Le « sujet » nietzschéen (qu'il rebaptise la « grande raison du Corps ») est un paysage mobile où se déplacent des forces et des intensités de vitesses différentes. Tu connais sa belle formule : « les idées viennent quand elles veulent, non pas quand je le veux ».

Nous avons beaucoup parlé du geste, du tracé. Ce quelque chose qui survient est-il de l'ordre d'une danse ? Est-ce que cela danse chez toi ? Y aurait-il des rythmes graphiques, une musicalité ou conçois-tu tes dessins comme des écritures silencieuses ?

P.-Y. S. : Si tout ce que nous parvenons à percevoir, à saisir et à comprendre tombait sous le seul régime, absolu, de la connaissance réflexive, si rien de tout ce qui nous parvient, ce qui nous arrive, venant s'ajouter à l'expérience cumulée et nous engager dans le mouvement de la vie, ne nous échappait, il y a longtemps que nous aurions percé tous les « mystères » de l'univers jusque dans ses manifestations les plus immédiates comme les plus profondes et tenues pour inaccessibles, au point de nous rejoindre et de nous rassurer dans le menu quotidien de ce que nous sommes et de ce que nous faisons. Ce qui voudrait dire que l'expérience humaine serait pour une part essentiellement achevée. Il se trouve que nous nous appuyons sur un corps de connaissances acquises qui sont autant de connaissances partielles, nous le savons bien, comme sur des ensembles d'actions et de procédures ouvrant sur les possibles de notre faire, tant dans le domaine de la connaissance proprement dite que dans celui de la création. Ce *quelque chose* est ce qui nous déborde, nous échappe, comme il est appelé à se dérober sans cesse. C'est aussi une part de notre *lieu* d'action, mais aussi de nos mésententes par rapport à ce qui est infiniment questionnable et questionné. Cette *indétermination,* je reprends ton mot, très juste, signifie en quelque sorte l'impossibilité de se soustraire à toute extériorité dont les composantes paraissent inépuisables. *A fortiori* si nous situons le rapport du geste de création comme prise d'écart, et comme retour sur ce qui est, puisque ce qu'il aura donné vient s'inscrire dans le déjà donné, la décision vise à interroger à nouveau et sans relâche l'énigmatique du monde, afin de franchir par la création au moins une part de cet écart, si ce n'est transcender ce qui résiste. Cette obstination concerne aussi bien la création dans les arts plastiques qu'en poésie ou en musique. Je pense aux deux derniers vers du poème intitulé *Ce qui est vrai* d'Ingeborg Bachmann : « Tu veilles et guettes ce qui est juste dans l'obscurité, / tourné vers l'issue inconnue ». Quant au mot de Nietzsche, je peux y souscrire sans difficulté, d'autant plus qu'il signale ce que l'on désigne par *l'aléatoire* propre à toute démarche de la pensée autant que de la création, indissociables qu'elles sont. Mais je voudrais aussi ajouter et préciser : les idées viennent parce que nous y sommes préparés de longue date, elles ne tombent pas de nulle part depuis le simple hasard, et si elles nous arrivent parfois sans que nous les attendions, c'est aussi parce que nous sommes disposés à les recevoir. Elles sont comme ancrées *dans la chair,* nous dit encore Ingeborg Bachmann.

Le *quelque chose* qui survient, consubstantiel au dessin, et à l'empreinte qui l'accompagne ou le précède, relève d'une recherche de ce qui fonde le réel, de ce qui nous amarre à cette *nappe de sens brut* – je crois que l'expression est de Maurice Merleau-Ponty – qui fonde la relation sensible au monde et à soi puisque nous sommes *de la même chair.* Il y a toujours rythmes, au pluriel, puisque toute composition implique un ensemble de formes et de traits selon des dispositions et des correspondances à chaque fois singulières. J'insiste sur l'idée de singularité puisque toute œuvre surgit et s'impose comme distincte et irréductible. Elle se distingue parce qu'elle est dès les premières manifestations ou révélations des formes, un processus nous conduisant vers des possibles visuels, un ensemble de formes que la main actualise à chaque mouvement effectué. Il ne s'agit pas de récuser les récurrences, mais bien d'établir un rythme qui soit en mesure de surmonter le déjà accompli, ce qui est valable aussi bien pour le travail graphique que pour l'écriture. Figure de la danse ? Peut-être, puisque la danse est aussi une composition de forme à partir des mouvements d'un ou de plusieurs corps dans un espace et un temps donnés. Et si l'on cherche à traduire une danse par le dessin, à saisir les formes qu'elle laisse surgir en les fixant sur le papier, ce qui en résulte laisse transparaître par la force des choses les rythmes qui la sous-tendent. Le rythme court-circuite alors l'impression que nous pourrions avoir d'une configuration disparate. On connaît l'importance du rythme dans le domaine poétique. Les rythmes ne sont pas moins importants, aussi étrangers ou distincts qu'ils soient, d'un champ de la création à un autre.

O. S. : Novalis note dans son Brouillon général *: « Que l'on perde le rythme du monde – on perd également le monde. Chaque homme a son rythme individuel ».*

Je voulais te demander une chose toute simple, en apparence, pour clore notre entretien. Est-ce que le fait d'avoir réfléchi sur ta pratique, de l'avoir nommée, interrogée de façon différente, au cours de notre dialogue, a modifié, d'une façon ou l'autre, ta manière de travailler ? Ou bien réflexion et création suivent deux chemins distincts ? Je repensais à la marionnette de Kleist qui n'est gracieuse qu'à condition de ne pas se savoir telle, la danse parfaite, puisque nous parlions à l'instant de danse, est celle d'une mécanique équilibrée ou d'un danseur semblable à une machine bien huilée ; la conscience met du désordre dans l'état d'innocence. Je ne sais pas si nous pouvons encore nous en remettre à ce vocabulaire religieux de l'innocence et de la grâce, toutefois Kleist donne ceci à considérer : à trop savoir ce que l'on fait, peut-on encore le faire ou le fait-on de la même manière ? Poésie et philosophie avancent conjointement suivant des rythmes, justement, différents. En somme, la question ici est celle du rapport entre la pensée et l'acte créateur. Vaste question s'il en est, que l'on pourrait reformuler ainsi : un certain oubli (on songe encore à Nietzsche) est-il condition de la création, l'acte créateur s'enrichit-il, au contraire, de se penser davantage ou possède-t-il son intelligence propre ? Henri Focillon écrit dans son Éloge de la main *: « L'homme qui rêve peut accueillir des visions de paysages extraordinaires, de visages parfaitement beaux, mais rien ne saurait fixer ces visions sans support et sans substance, et la mémoire ne les enregistre qu'à peine, comme le souvenir d'un souvenir. Ce qui distingue le rêve de la réalité, c'est que l'homme qui songe ne peut engendrer un art : ses mains sommeillent. L'art se fait avec les mains. Elles sont l'instrument de la création, mais d'abord l'organe de la connaissance. » Il ajoute plus loin : « Je ne sépare la main ni du corps ni de l'esprit. Mais entre esprit et main les relations ne sont pas aussi simples que celles d'un chef obéi et d'un docile serviteur. L'esprit fait la main, la main fait l'esprit ».*

P.-Y. S. : Il ne fait que peu de doute que chaque individu dispose d'un rythme qui lui est propre. À cela, aussi, tient sa singularité qui accompagne tout ce qui compose ce qui nous distingue les uns des autres. À ce titre, pour être reconnaissable, il faut que cette singularité, simultanément, se distingue et converge vers d'autres rythmes non moins singuliers. Dans le geste musical comme dans le geste graphique, en poésie comme en prose, les rythmes se reconnaissent, si l'on peut dire les choses ainsi. Reconnaître, c'est connaître à la fois le monde et les rythmes qui lui sont propres dans l'espace et dans le temps. On pourrait dire que c'est tout autant sur ces correspondances que sur les variations que ça se joue. L'extrême proximité comme l'extrême distance dans les relations aux autres, quelle que soit la forme qu'elle épouse, engage des rythmes conjoints et des rythmes disjoints. Cette brève évocation que tu fais de ce passage du *Brouillon général* de Novalis au sujet du rythme du monde et des rythmes de chacun, je m'y arrête un peu longuement pour la raison suivante : il est ici sous-entendu que les rythmes sont aussi bien singuliers qu'universels ; et que nous sommes sujets à vivre sous divers rythmes et à produire ou à créer, dans son acceptation la plus large, des rythmes convergents – *saisis* – et des rythmes émergents – *surgis* – ce qui relève d'une attitude face à la réalité extérieure, sa reprise et son dépassement dans l'acte symbolique de cette reprise qui en résulte, de son débordement, son dépassement jusqu'au « dérèglement ». Dès lors, une forme artistique révèle sa formation dans le fait *qu'une forme se forme* qui n'était pas donnée d'avance, que l'élément décisif de surprise et d'originalité reste imprévisible jusqu'au moment de son avènement. Et c'est en cela qu'elle fait *événement*. Il s'agit de l'instauration d'un nouveau rythme. Je me contenterais pour l'instant de rappeler ce qu'Henri Maldiney, au sujet de l'importance du rythme, déclarait dans un entretien, lequel se gardait bien de tenir l'art pour une simple traduction de ce qui est donné dans l'immédiateté de la perception : « C'est le rythme qui décide au fond de l'*originarité* de l'œuvre d'art et qui décide en même temps de l'existence absolue de l'art en chaque œuvre et uniquement en elle ». Et il ajoute : « Il n'y a pas d'art en général. Il n'y a pas d'art en dehors de l'œuvre que je suis en train de contempler, plus exactement, avec laquelle je suis entré en présence. L'art n'existe qu'à ces moments, et moi-même aussi ». Il y a contemplation de ces rythmes dans la perception d'une œuvre comme dans le geste de création toujours inachevé, et à jamais inachevable.

Sur le second point, il me semble tout aussi difficile voire presque impossible de répondre simplement. Je dirais d'abord que dans tout acte ou geste de création, quel que soit le domaine où il s'exerce, la réflexion, aussi ténue, ou différée, ou mise à distance soit-elle, ne nous quitte jamais. Tout comme dans les choses les plus simples de la vie puisqu'on n'est jamais poète ou artiste, ou photographe, ou ingénieur, tout ce qu'on veut, à temps plein. Le moment de la pensée autant que le moment de l'émotion, de leur montée, de leur tension et de leur expression, celui de leur intelligence et de leur complicité, font qu'ils ne suivent jamais, fondamentalement, des chemins distincts. L'un n'est jamais en reste part rapport à l'autre, bien que soumis au mouvement de la vie, des décalages se produisent, d'autres les font s'accorder, s'inverser, alors qu'ils se trouvent rarement en situation d'équilibre, si cela a du sens de dire les choses ainsi. Tout ne s'accorde pas selon les instants ou les intensités de l'attention à tel ou tel aspect qui aura motivé l'un ou l'autre de nos élans. La configuration des médiations complexes entre le geste de penser et celui de créer engage tout ce que nous sommes. C'est dire l'importance que l'on accorde aux occasions de mise au point comme celle-ci. Le regard de l'autre – des autres, il faudrait dire puisque notre regard est aussi habité par celui des autres – sur un travail effectué, les déplacements nécessaires, inévitables que ce regard produit, si ce n'est dans la manière de voir, de *rece-voir,* de saisir et de *re-saisir,* de rendre visible d'une autre manière, ce dialogue peut être éclairant pour les parties qui l'entretiennent. Si nous n'avions que notre seul et unique regard, ou notre écoute seule, sur ce que nous faisons, en art comme en poésie, rien ne vaudrait la peine d'avoir commencé, de poursuivre à partir de ce qui est déjà accompli par les gestes censés l'actualiser selon des règles pour partie indécidables. En ce sens, j'insiste, réflexion et création ne suivent pas deux chemins qu'on serait conduit à poursuivre comme si de rien n'était. Ce qui veut dire aussi que la réflexion, sous la forme d'interrogations formulées par l'autre, ouvre à de nouvelles interrogations chez celui appelé à répondre. C'est répondre ici, par un détour qui me paraît nécessaire, je crois, à la question que tu posais.

Inutile de te dire que j'aime beaucoup cette citation d'Henri Focillon tirée d'*Éloge de la main,* texte, d'ailleurs, que tu m'as fait connaître. Il n'y a pas seulement ce que la pensée, la réflexivité, est capable de conduire. Il y a ce que la main a la capacité de réaliser. C'est dire aussi que jamais la forme ne méconnaît le geste. Tout comme il n'y a jamais de signifiant pur, de purs signifiants libérés de toute attache, ni en poésie ni en dessin ou peinture, d'ailleurs. Le geste de la main, qui est geste de tout le corps, de tout ce dont il est fait, constitue des états de sensibilité que le dessin/empreinte est en mesure d'accueillir. Et j'ajouterais, pour conclure, ce mot de Paul Klee, qui n'est pas sans appuyer notre échange sur cette question du geste de la main : « La main exercée est souvent plus savante que la tête ».

Cet ouvrage a été achevé d'imprimer
sur les presses de l'imprimerie Albe De Coker
à Hoboken (Belgique) en février 2022
pour le compte des éditions de La Lettre volée.